U0908490

创新实践

——中交公路规划设计院建院 60 周年科研项目成果集

中交公路规划设计院有限公司　主编

人民交通出版社股份有限公司
China Communications Press Co.,Ltd.

图书在版编目（CIP）数据

创新实践：中交公路规划设计院建院60周年科研项目成果集 / 中交公路规划设计院有限公司编 .-- 北京：人民交通出版社股份有限公司，2014.7
ISBN 978-7-114-11535-6

Ⅰ.①创… Ⅱ.①中… Ⅲ.①道路工程－科技成果－汇编－中国 Ⅳ.① U41

中国版本图书馆 CIP 数据核字 (2014) 第 151521 号

Chuangxin Shijian —— Zhongjiao Gonglu Guihua Shejiyuan Jianyuan 60 Zhounian Keyan Xiangmu Chengguoji
书　　名：**创新实践——中交公路规划设计院建院60周年科研项目成果集**
著 作 者：**中交公路规划设计院有限公司**
责任编辑：张征宇　赵瑞琴
出版发行：人民交通出版社股份有限公司
地　　址：(100011) 北京市朝阳区安定门外外馆斜街 3 号
网　　址：http：//www.ccpress.com.cn
销售电话：(010)59757973
总 经 销：人民交通出版社股份有限公司发行部
经　　销：各地新华书店
印　　刷：北京盛通印刷股份有限公司
开　　本：880×1230　1/16
印　　张：7.5
字　　数：170 千
版　　次：2014 年 7 月　第 1 版
印　　次：2014 年 7 月　第 1 次印刷
书　　号：ISBN 978-7-114-11535-6
定　　价：100.00 元

创新实践

——中交公路规划设计院建院 60 周年科研项目成果集

编委会

前　言

1954 年，紧跟共和国成立的脚步，中交公路规划设计院的前身——交通部公路规划设计院作为新中国第一批公路交通行业勘察设计机构开始了一段波澜壮阔的创业历程。60 年弹指一挥间，经过几代人呕心沥血的奋斗，中交公路规划设计院（以下简称“公规院”）从无到有，从弱到强，逐步成长为中国标志性的公路交通勘察设计企业，正在向国际一流设计咨询企业阔步迈进。一直以来，公规院始终坚持“技术创新为先导、人才集聚为支撑”的发展模式，创新实践在公规院一个甲子的筑梦旅程中写下了浓墨重彩的一笔。

多年来，公规院坚持以公路勘察设计为主业，在公路交通科技工作实践中不断拓展业务领域，推进理论、技术、方法的创新，提升技术实力。在 60 年发展中的各个历史时期，公规院始终秉承技术领先、设计精良的质量方针，在国家科技支撑计划、863 计划、交通部科技项目、西部项目等课题的引领下，谋定而后动，紧跟国际公路建设前沿技术，紧密结合我国公路交通建设的热点、难点问题，不断在大跨桥梁结构体系设计与理论研究、桥梁健康监测、防灾减灾、道路设计、标准规范等诸多领域进行钻研和探索，为我国公路交通学科的发展和优化发挥了重要的推动作用。自建院以来，获国家和省部级奖励的科研成果 30 余项，依托项目成果发表论文 391 篇，专著 30 余部，专利 40 余项。其中，以苏通大桥为依托的“千米级斜拉桥结构体系、设计及施工控制关键技术”突破了千米级斜拉桥建设技术瓶颈，实现了我国建桥技术水平和自主创新能力的新跨越，显著提升了我国桥梁技术的国际竞争力，该项目荣获 2010 年度国家科技进步一等奖等多个奖项。经过多年锲而不舍的努力，公规院在我国公路交通技术领域始终处于领先地位，并保持和不断增强着技术创新优势，成为我国公路交通创新和发展的基地。摆在您面前的这套《创新实践——中交公路规划设计院建院 60 周年科研项目成果集》是公规院自创立 60 年以来尤其是近十年来丰硕成果的集中展示，是公规院科技工作者矢志不移、开拓进取、艰辛创业的精神写照，也是公规院实现跨越发展的有力见证。丰厚充实、品高质优的成果，记载着公规院为我国公路事业创造的辉煌成就，展现着公规院推进我国公路行业科技创新和实践进步的累累硕果。

“忆往昔峥嵘岁月稠，看今朝旖旎风光秀”。值此公规院成立60周年之际，谨以此成果集奉献给60年来为公规院发展付出辛勤劳动的所有员工和各位同行，共同分享我们收获的喜悦和成功的快乐，也请见证我们对未来的信念和争取新的更大业绩的决心。2014年是公司新的管理模式和组织机构运行的第一年，也是实现“十二五”规划目标、打造“升级版”公规院的关键一年。过去，我们同心同德、同向同行，克服了许多困难和挑战，取得了辉煌的成绩；未来，我们站在新的起点，面临新的考验和挑战，唯有创新，才能支持我们走向新的辉煌、实现新的目标和更加光荣、宏伟的梦想。■

2014年3月12日

目录

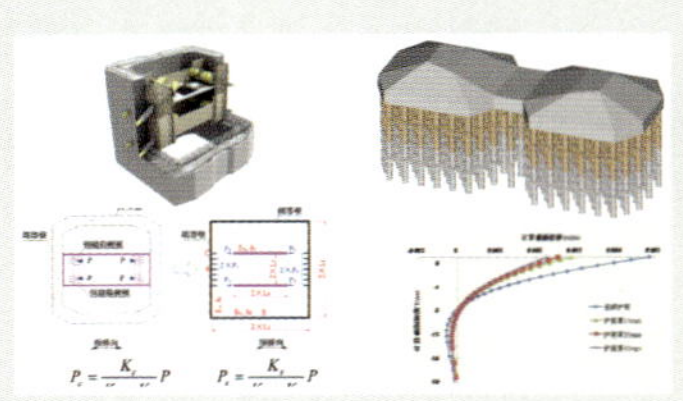

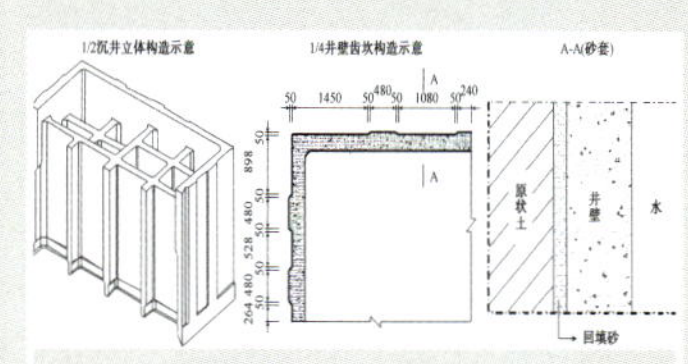

1. 桥梁科研

序号	成果名称	获奖情况	最高奖励	属性	完成时间
1	千米级斜拉桥结构体系、设计及施工控制关键技术	2010年度国家科技进步一等奖 2009年度中国公路学会科学技术特等奖	国家级一等奖	科技支撑（主办）	2010年
2	特大跨径桥梁钢塔和深水基础设计施工创新技术研究	2007年度国家科学技术进步二等奖 2006年度中国公路学会科学技术特等奖	国家级二等奖	参与	2006年
3	大跨径变截面连续钢箱梁桥设计与整孔架设关键技术	2012年度中国公路学会科学技术特等奖	省部级特等奖	公路学会（主办）	2013年
4	悬索桥主缆分布传力锚固系统设计施工关键技术研究	2012年度中国公路学会科学技术特等奖	省部级特等奖	参与	2013年
5	超大“∞”字形地连墙深基础设计及施工成套技术	2010年度中国公路学会科学技术特等奖	省部级特等奖	参与	2010年
6	海洋环境下长寿命混凝土结构耐久性研究	2008年度中国公路学会科学技术特等奖	省部级特等奖	主办	2008年
7	贵州坝陵河大桥超大型隧道锚及钢桁梁创新技术研究与应用	2009年度中交股份科学技术进步特等奖	省部级特等奖	西部项目（主办）	2010年
8	桥梁工程全寿命设计理论与方法研究	2008年度中交股份科学技术进步特等奖 2010年度中国公路学会科学技术一等奖	省部级特等奖	西部项目（主办）	2010年
9	港珠澳大桥设计技术标准研究报告	2010年度全国优秀工程咨询成果一等奖	省部级一等奖	主办	2010年
10	西部地区公路桥隧工程风险评估研究	2011年度中国公路学会科学技术一等奖 2010年度中交股份科技进步二等奖	省部级一等奖	西部项目（主办）	2011年
11	坝陵河特大桥梁建设关键技术研究	2011年度中国公路学会科学技术一等奖	省部级一等奖	西部项目（主办）	2011年
12	超大规模沉井关键技术研究	2010年度中国公路学会科学技术一等奖	省部级一等奖	参与	2010年
13	特大型桥梁高精度GPS跨河（谷、海）高程传递关键技术研究	2008年度中国公路学会科学技术一等奖 2007年度中交股份科学技术进步二等奖	省部级一等奖	主办	2008年
14	广州珠江黄埔大桥悬索桥锚碇设计与施工技术研究	2008年度中国公路学会科学技术一等奖	省部级一等奖	主办	2008年
15	超深特大型圆形地下连续墙悬索桥锚碇创新技术研究与应用	2007年度中国公路学会科学技术一等奖	省部级一等奖	主办	2007年
16	三跨连续全飘浮悬索桥体系研究与应用	2005年度中国公路学会科学技术一等奖	省部级一等奖	主办	2005年
17	特大跨径悬索桥分体式钢箱梁成套技术研究与示范	2012年度中交股份科学技术进步一等奖	省部级一等奖	科技支撑（主办）	2012年
18	大跨桥梁抗风设计数值化技术与控制措施	2010年度中交股份科技进步一等奖 2011年度中国公路学会科学技术二等奖	省部级一等奖	西部项目（主办）	2011年
19	国道205线滨州黄河公路大桥工程综合技术研究－大跨径预应力混凝土三塔斜拉桥关键技术研究	2005年度山东省科学技术进步一等奖	省部级一等奖	主办	2005年
20	钢桥设计施工成套技术研究	2010年度中国公路学会科学技术二等奖	省部级二等奖	主办	2010年
21	黄土地区大跨度桥梁地下连续墙和箱梁基础的应用研究	2009年度中国公路学会科学技术二等奖 2008年度中交股份科学技术进步二等奖	省部级二等奖	参与	2009年
22	桥跨62.5m预应力混凝土箱梁移动模架设计、制造与施工等关键技术研究	2009年度中国公路学会科学技术二等奖	省部级二等奖	主办	2009年
23	大跨径连续刚构桥箱梁抗剪与抗裂性能研究	2007年度中国公路学会科学技术二等奖	省部级二等奖	主办	2007年
24	大跨度桥梁运营期结构安全监测系统数据采集及结构安全评估关键技术研究	2012年度中交股份科学技术进步二等奖	省部级二等奖	集团项目（主办）	2012年
25	大跨径预应力混凝土梁桥长期变形精细化分析及下挠处治方案研究	2012年度中交股份科学技术进步二等奖	省部级二等奖	集团项目（主办）	2012年
26	跨海特大跨径钢箱梁悬索桥结构特性及技术标准研究	2012年度中交股份科学技术进步二等奖	待报奖	科技支撑（主办）	2012年
27	西部地区钢—混凝土混合梁设计与施工关键技术研究	2010年度中交股份科技进步二等奖	待报奖	西部项目（主办）	2011年
28	主跨3500m级碳纤维增强塑料（CFRP）主缆悬索桥原型设计	2013年度中交股份科学技术进步二等奖	待报奖	863（主办）	2008年
29	铁路、轻轨、公铁（轨）桥梁车～桥耦合振动仿真分析研究	2013年度中交股份科学技术进步二等奖	待报奖	集团项目（主办）	2008年

续上表

序号	成果名称	获奖情况	最高奖励	属性	完成时间
30	深水软土地基大跨桥梁逆做法复合基础设计与施工技术研究		待报奖	西部项目（主办）	2013 年
31	桥梁预应力混凝土构件合理设计使用寿命研究		中交集团科技进步二等奖	西部项目（主办）	2013 年
32	大跨钢桥关键构件的疲劳性能与合理构造试验研究		待报奖	西部项目（主办）	2013 年
33	台风浪耦合作用下跨海峡桥梁动力模拟及防灾减灾技术			863（主办）	2009 年
34	水深大于 50m 厚软基跨海桥梁逆作法复合基础设计施工技术			863（主办）	2009 年
35	大跨径混凝土桥梁长期变形和开裂控制技术			863（主办）	2008 年
36	跨海峡公路桥梁工程设计与施工关键技术研究			集团项目（主办）	2008 年

2. 道路科研

序号	成果名称	获奖情况	最高奖励	属性	完成时间
1	沥青路面设计指标和参数研究	2009 年度中国公路学会科学技术一等奖 2008 年度中交股份科学技术进步二等奖	省部级一等奖	主办	2009 年
2	轻型高速公路节地关键技术研究	2011 年度中国公路学会科学技术一等奖		西部项目（主办）	2010 年

3. 隧道科研

序号	成果名称	获奖情况	最高奖励	属性	完成时间
1	复杂地质条件下宽体公路隧道关键设计技术研究	2007 年度中交股份科学技术进步二等奖 2008 年度中国公路学会科学技术三等奖	省部级二等奖	主办	2008 年

4. 标准规范和基础性科研

序号	成果名称	获奖情况	最高奖励	属性	完成时间
1	公路桥梁可靠度研究	1998 年度交通部科技进步二等奖	省部级二等奖	部科技项目（主办）	1994 年
2	桥梁设计荷载与安全鉴定荷载的研究	2013 年度中交股份科技进步二等奖		西部项目（主办）	2012 年
3	欧洲规范统一标准编译研究		未报奖	公司科技项目（主办）	2010 年
4	公路桥梁板式橡胶支座标准图			公司科技项目（主办）	2010 年
5	公路桥梁球型支座标准图			公司科技项目（主办）	2010 年
6	轻型高速公路技术指标前期研究			西部项目（主办）	2008 年

5. 科研项目成果汇总

序号	项目分类	项目数量	序号	项目分类	项目数量
1	桥梁科研	36	3	隧道科研	1
2	道路科研	2	4	标准规范和基础性科研	6
合计		45			

1. 千米级斜拉桥结构体系、设计及施工控制关键技术

一、第一完成单位

中交公路规划设计院有限公司

二、参加单位

1. 江苏省苏通大桥建设指挥部
2. 中交第二航务工程局有限公司
3. 中交第二公路工程局有限公司
4. 同济大学
5. 西南交通大学
6. 东南大学
7. 江苏省交通规划设计院有限公司
8. 河海大学
9. 江苏法尔胜新日制铁缆索有限公司
10. 中铁山桥集团有限公司
11. 宝钢集团上海二钢有限公司
12. 中交武汉港湾工程设计研究院有限公司

三、主要完成人

张喜刚、游庆仲、张鸿、陈艾荣、袁洪、吴寿昌、欧阳效勇、丁峰、刘先鹏、裴岷山、罗承斌、任回兴、李乔、龚维明、刘玉擎、何平、刘高、马如进、戴捷、卜一之、姚蓓、岳东杰、管义军、董学武、朱斌、阮欣、张永涛、周建林、赵军、魏云祥、张建、贺茂生、张启伟、石雪飞、冯良平、姚平、刘喜田、周彦锋、肖文福、赵君黎、陈志坚、陈鸣、曹东威、刘昌鹏、张清华、穆保岗、杨昌维、张先武、朱建龙、李宗哲。

四、项目简介

2006年，科学技术部设立了首个国家科技支撑计划支持的重大公路交通工程项目——苏通大桥建设关键技术研究，其中包括6个课题。本项目综合了其中5个课题的研究成果，分别是：千米级斜拉桥技术标准和关键结构及特性研究；长索制作、架设及减振技术研究与示范；大跨钢箱梁制作、架设与施工控制技术研究与示范；300m索塔监测与控制技术研究；深水群桩基础施工与冲刷防护成套技术研究。针对千米级斜拉桥建设面临的复杂建设条件特点和结构体系等设计方面的技术难题，对技术标准、结构体系、关键结构及设计方法等开展攻关，解决了一系列关键技术问题，有力地支撑了苏通大桥的建设，并为以后同类桥型的建设提供了重要参考和借鉴。

项目于2010年顺利结题，经交通运输部等鉴定，总体达到国际领先水平。

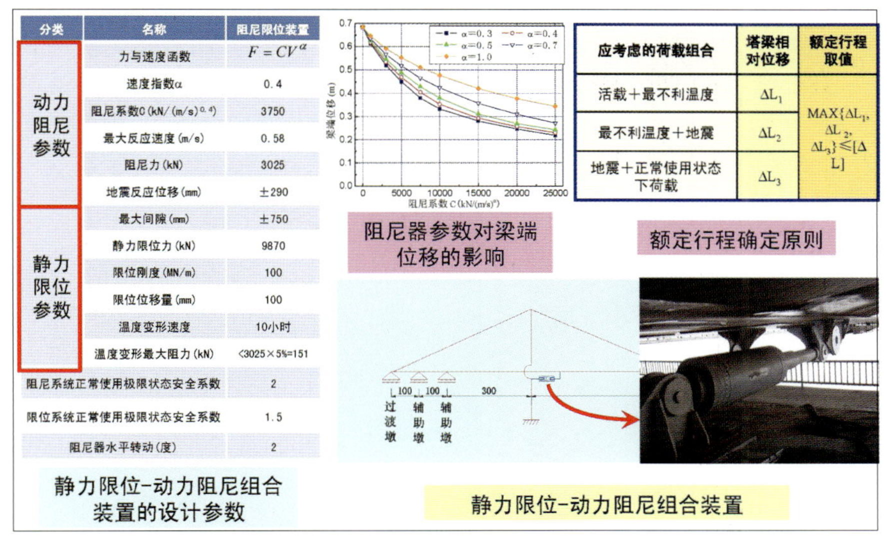

分类	名称	阻尼限位装置
动力阻尼参数	力与速度函数	$F = CV^{\alpha}$
	速度指数α	0.4
	阻尼系数C(kN/(m/s)$^{0.4}$)	3750
	最大反应速度(m/s)	0.58
	阻尼力(kN)	3025
	地震反应位移(mm)	±290
静力限位参数	最大间隙(mm)	±750
	静力限位力(kN)	9870
	限位刚度(MN/m)	100
	限位位移量(mm)	100
	温度变形速度	10小时
	温度变形最大阻力(kN)	<3025×5%=151
阻尼系统正常使用极限状态安全系数		2
限位系统正常使用极限状态安全系数		1.5
阻尼器水平转动(度)		2

应考虑的荷载组合	塔梁相对位移	额定行程取值
活载+最不利温度	ΔL_1	MAX{ΔL_1, ΔL_2, ΔL_3}≤[ΔL]
最不利温度+地震	ΔL_2	
地震+正常使用状态下荷载	ΔL_3	

图1 静力限位—动力阻尼组合装置及设计参数（一种新型桥梁结构体系）

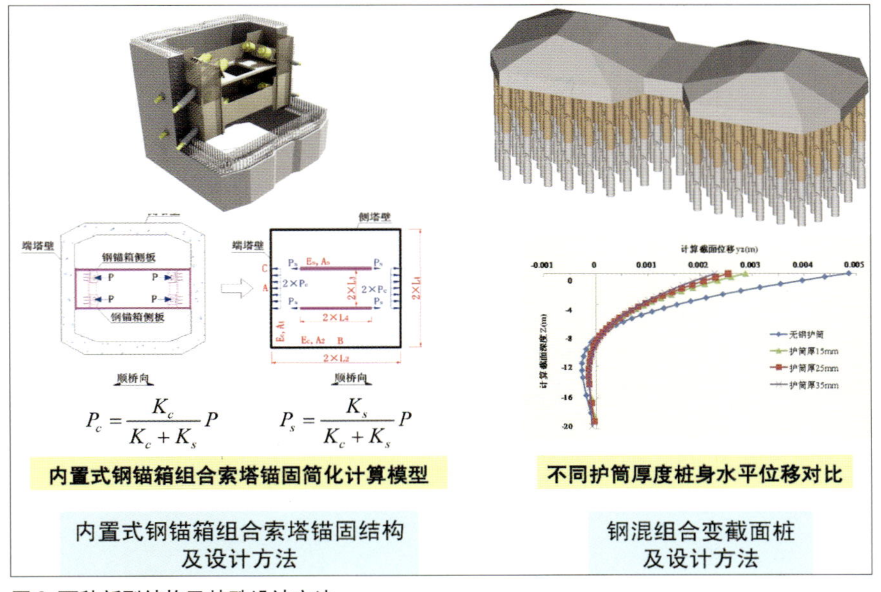

图2 两种新型结构及特殊设计方法

五、技术创新

1. 揭示了千米级斜拉桥非线性、稳定性、抗风性能的力学行为及规律。在国际上首创了静力限位与动力阻尼组合的新型桥梁结构体系及关键装置。与传统体系相比，梁端位移减小 50%、塔根弯矩降低 30%，突破了静、动力响应难以相互协调的技术瓶颈。如图 1 所示。

2. 首次提出了内置式钢锚箱组合索塔锚固和钢混组合变截面桩两种新型结构及其设计方法，建立了大型群桩基础设计、基于性能的抗风设计等方法，在国际上首次形成了《千米级斜拉桥设计指南》；解决了千米级斜拉桥几何非线性及与施工控制对接技术难题，研发了具有自主知识产权的桥梁结构静动力空间分析软件，为设计及施工控制提供了关键技术手段。

3. 在国际上首次创建了深水、急流、潮汐河段条件下大型群桩基础全钢护筒施工控制技术，将倾斜度由传统的 1/100 提高到 1/200；研发了多点同步控制整体下沉和定位施工控制技术，实现了世界上最大钢吊箱的整体下沉，将定位精度由传统的 50mm 提高到 20mm，突破了大型钢吊箱的规模和重量制约。

4. 在国际上首次系统地提出了千米级斜拉桥施工全过程自适应几何控制方法并建立了制造安装一体化控制系统，创建了索塔、斜拉索、钢箱梁数字化制造安装控制关键技术。技术的应用实现了高塔倾斜度从 1/3000 提高到 1/42000、长索制作精度从 1/5000 提高到 1/20000、主梁标高误差 $\leqslant L/4000$、桥轴线误差 $\leqslant L/45000$，大幅提高了各类构件的安装精度，攻克了千米级斜拉桥施工控制技术难题。如图 3 所示。

六、项目成果

项目获国家授权专利 20 项（发明专利 5 项），软件著作权 3 项，国家级工法 4 项，修编行业标准规范 5 部、地方标准 3 部，出版专著 10 部，被 SCI 和 EI 收录论文 68 篇。项目自主创新成果在国内外多座大桥中得到推广应用，部分成果已纳入行业标准规范，具有显著的社会与经济效益。

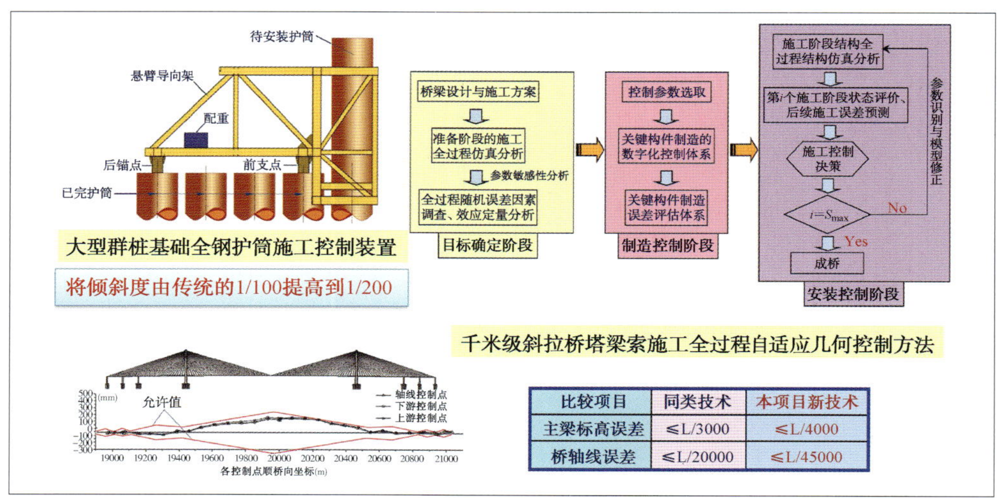

比较项目	同类技术	本项目新技术
主梁标高误差	≤L/3000	≤L/4000
桥轴线误差	≤L/20000	≤L/45000

图 3 两项施工控制核心技术

七、项目获奖

项目成果获 1 项国家科技进步一等奖、2 项中国公路学会科学技术特等奖、1 项江苏省科学技术一等奖、新中国成立 60 周年“十佳感动中国工程设计大奖”、美国土木工程师学会“Outstanding Civil Engineering Achievement Award”、国际桥梁大会授予的“George S. Richardson Medal”等多项奖项。

八、推广应用

1. 千米级斜拉桥结构体系及设计关键技术先后在苏通大桥（2003 ～ 2004 年）、鄂东大桥（2005 ～ 2006 年）、上海长江大桥（2004 ～ 2005 年）、印度尼西亚 Suramadu 大桥（2006 ～ 2007 年）、济南黄河三桥（2005 ～ 2006 年）等大桥中得到成功应用。

2. 千米级斜拉桥施工控制关键技术先后在苏通大桥（2003 ～ 2007 年）、鄂东大桥（2006 年至今）、香港昂船洲大桥（2006 ～ 2007 年）等大桥中得到成功应用。

3. 项目部分研究成果已纳入《公路桥涵地基与基础设计规范》（JTG D63—2007）等 5 部交通行业标准规范及《千米级斜拉桥设计指南》（DB32/T1366—2009）等 3 部江苏省地方标准。■

2. 特大跨径桥梁钢塔和深水基础设计施工创新技术研究

一、第一完成单位

南京长江第三大桥建设指挥部

二、参加单位

1. 中交公路规划设计院有限公司
2. 湖南路桥集团公司
3. 中港第二航务工程局
4. 中铁宝桥股份有限公司
5. 中铁武汉大桥工程咨询监理有限公司
6. 铁道科学研究院
7. 西南交通大学
8. 南京水利科学研究院

三、主要完成人

戴永宁、娄学全、崔冰、林鸣、陈明宪、陈新、孟凡超、武焕陵、殷扬、彭更生、史永吉、刘晓东、李毅、杨志德、章登精、李乔、王承江、钟瑶、卜红旗、江德云、郭志明、郁犁、李军平、彭力军、李宗平、许春荣、许航、冯良平、王麒、董萌、曾宇。

四、项目简介

《特大型桥梁钢塔和深水基础创新技术研究》以南京长江第三大桥工程建设为依托。南京长江第三大桥是国务院批准建设的国家"十五"重点工程，为中国第一、世界第二位的大跨径钢塔钢箱梁斜拉桥。大桥建设规模大、科技含量高、施工难度大、风险大，是我国自行设计，自行组织施工，自行组织科技创新的特大型桥梁工程。

五、技术创新

1. 通过抗风性能研究和气动选型，确定了最佳切角处理以抑制可能的驰振和涡振。在国内外首次采用曲线型钢塔，

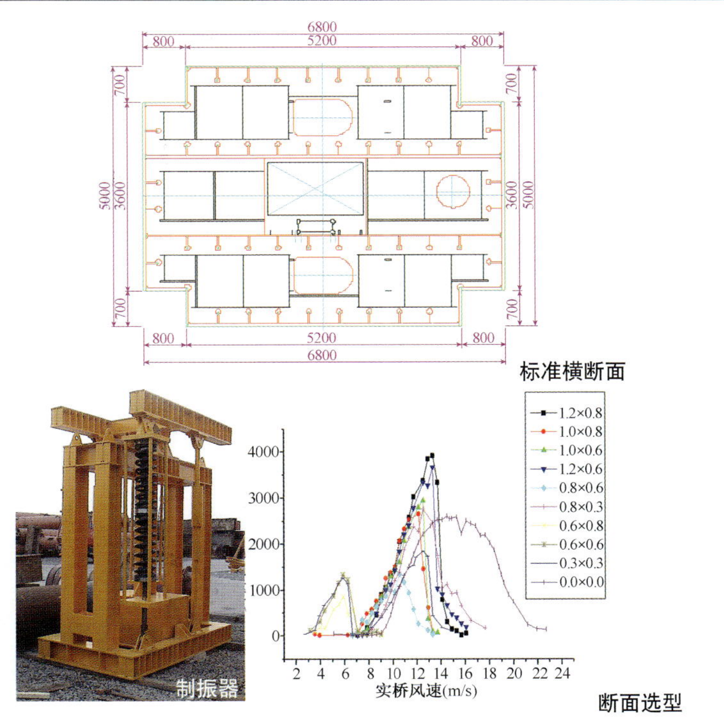

图1 桥塔

开创了我国特大跨径桥梁采用钢塔的先河。

2. 钢混结合段采用钢筋混凝土柱 PBL 剪力键，作为传递荷载的主要构件。并对其传力机理进行了足尺和缩尺试验研究，证明该结合牢靠，大大改善了结合段的力学性能，确保了结构传力要求。

3. 首次设计并采用钢护筒、钢套箱组合刚构钻孔桩施工平台体系，进行深水基础施工，将高柱承台基础施工中的钢护筒、钢套箱有机结合，利用钢套箱的结构刚度及自浮能力和钢护筒的刚度，共同形成稳定的深水钻孔灌注桩施工作业平台。

4. 对结构复杂、断面大、焊缝密集的钢塔柱节段（图 1），首次采用板单元件、块体、箱体三步完成的制作工艺。开发了专用组装胎型和施焊方法，来控制曲线线形，实现了曲线形钢塔的制造。

5. 钢塔柱节段端面加工中，开发了集激光跟踪测量技术，计算机控制技术及液压技术于一体的大型工件精密加工、找正技术。

6. 采用了当时全球最先进的 MD3600 自立式大型塔机，进行钢塔柱节段吊装，最大起升高度 232m，起吊最大重量 160t，两个月完成高 215m 的钢塔柱吊装。通过对钢塔和塔机、裸塔抗风稳定性研究，首次在大跨径桥梁高塔上采用 TMD、TLD 制振装置等有效抑振方案，确保了钢塔稳定性。

7. 将基础施工中临时结构与永久结构合而为一，降低了深水基础（图 2）施工难度，克服了以往采用钢围堰或沉井施工工法需着床与嵌岩等困难，有效减少施工期基础局部冲刷深度，增强了基础施工的安全度。

8. 首次研究钢套箱与锚缆系统在侧向水流作用下的摆动原因和计算方法，为大型基础结构在水流状态下的精确定位提供了依据。

9. 成功研发并采用了适用于大型基础工程的导向船平台及锚碇系统布置的新技术，研究提出了导向船平台及锚碇系统在流水中的位置变化状况的分析计算方法。

10. 揭示了在急流及波浪力综合作用下，大型哑铃型钢套箱基础波流综合作用受力机理及规律。

11. 首次在桥梁基础施工监测中，大规模采用光纤光栅传感器，确保基础的质量。

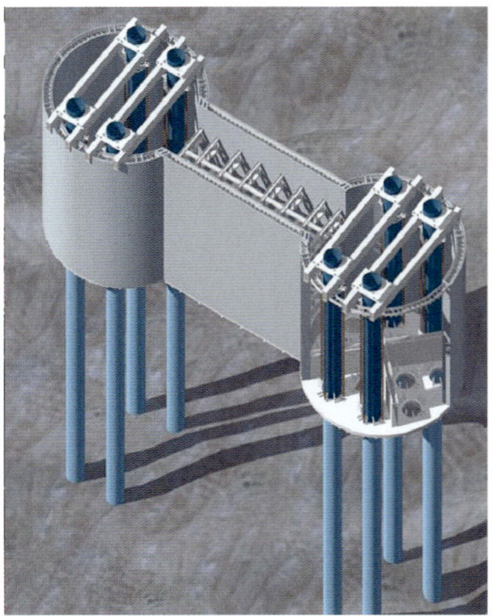

图 2 深水基础

六、项目成果

在国内首次采用了钢塔；弧线形塔柱在国际桥梁领域里也是首例。针对钢塔设计制造和安装的需要，开发了一系列的钢塔设计、制造和安装技术以及钢塔制振措施，填补了我国钢塔设计施工的空白，为我国钢塔结构设计、制造和安装提供了有利的支撑。

特大深水急流基础设计施工创新技术研究，创造了利用钢护筒和钢套箱组合刚构平台体系进行基础施工的新技术，采用该创新技术将高桩承台基础引入到深水急流中，从而利用一个枯水期安全、顺利的完成了南京三桥基础施工，创造了我国深水基础施工的新纪录。本项研究突破了传统技术的制约，创造了钢塔和特大型深水急流基础的设计、施工新方法，节省了工期和造价，同时节约了大量资源，具有显著的社会经济效益，为我国特大跨径桥梁的设计和施工开创了先河。

七、项目获奖

项目成果荣获 1 项国家科技进步二等奖、1 项中国公路学会科学技术特等奖。

八、推广应用

1. 自南京长江第三大桥钢塔柱实施后，国内已有泰州长江大桥、马鞍山长江大桥等多座桥梁采用钢塔的结构形式。

2. 本项目深水基础施工新技术在大胜关铁路桥深水基础等多个项目得到推广应用。■

3. 大跨径变截面连续钢箱梁桥设计与整孔架设关键技术

一、第一完成单位

中交公路规划设计院有限公司

二、参加单位

1. 江苏省崇启大桥建设现场指挥部
2. 中交第二航务工程局有限公司

三、主要完成人

张喜刚、黄健、张鸿、周建林、许春荣、张永涛、周伯明、李镇、高纪兵、袁洪、高明生、邓飞宇、顾雨辉、王志诚、朱浩、胡冬勇、刘高、贾鹏、杨忠明、李海涛、徐智、徐立功、夏鹏飞、朱斌、杨炎华。

四、项目简介

2010年依托崇启大桥工程，中国交通建设股份有限公司、江苏省交通运输厅设立了“大跨径变截面连续钢箱梁桥设计与整孔架设关键技术”研究课题，项目针对大跨度连续钢箱梁设计、制造、装船运输、架设、控制等方面进行了系统的研究。通过研究，提出了大跨度连续钢箱梁桥设计、钢箱梁制造、整孔架设关键技术，研究成果对于优化结构、节省制造费用、降低施工风险、缩短

施工工期起到了至关重要的作用，该项目研究不仅确保了崇启大桥的安全性、耐久性和经济性，而且对于促进我国大跨度连续钢箱梁桥的推广和发展具有深远的影响。

2012 年经中国公路学会组织的专家鉴定，项目研究成果总体达到国际先进水平，其中无合龙段整孔逐跨架设技术达到国际领先水平。

五、技术创新

1. 大跨度变截面连续钢箱梁设计关键技术

针对钢连续梁桥的扭转和畸变问题，采用弹性地基梁比拟法进行分析，确定了横隔板的合理间距和刚度，并提出了根据梁高分别采用 V 形、X 形和实腹式横隔板不同的构造式；针对弯剪组合作用下的 9m 高腹板稳定问题，采用大挠度理论，并考虑几何误差、残余应力及材料非线性影响进行分析，提出了纵横向的加劲方式及构造尺寸；利用调谐质量阻尼器（TMD）有效解决了大跨径变截面连续钢箱梁桥钝体断面存在风致涡激振动的突出问题，取得了较好的应用效果。如图 1 所示。

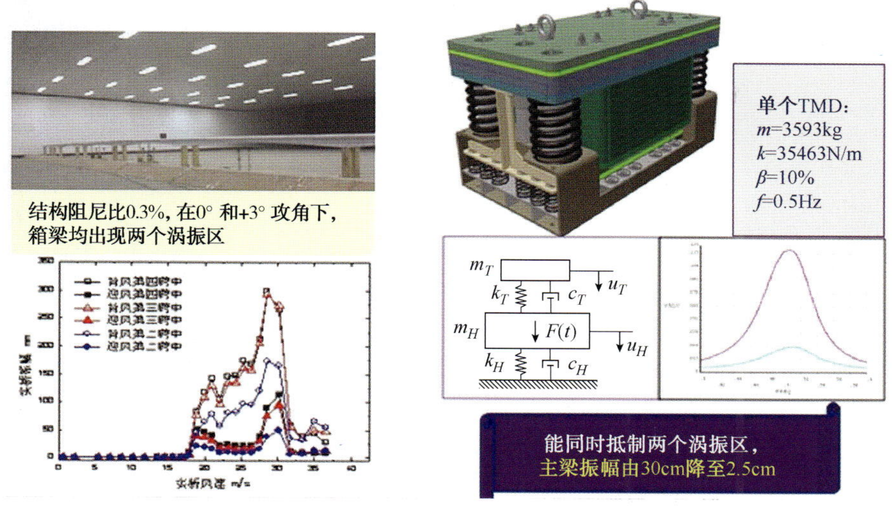

图 1 涡激振动控制调谐质量阻尼器（TMD）技术

2. 大跨径变截面连续钢箱梁桥整跨制造、装船与运输技术

基于结构受力要求和国内现有制造安装水平，首次系统提出了变截面连续钢箱梁桥制造及架设精度标准，填补了国内空白；针对变截面连续钢箱梁特殊构件的加工制造，研发了曲线形底板制作技术及支座处厚板折弯技术；建立了滚装上船船态实时监测调整技术、四支点反力主动控制技术及无线实时应力监测系统，实现了 185m 大节段变截面钢箱梁结构在滚装上船、江海运输过程中多次体系转换下的受力安全和可控。如图 2 所示。

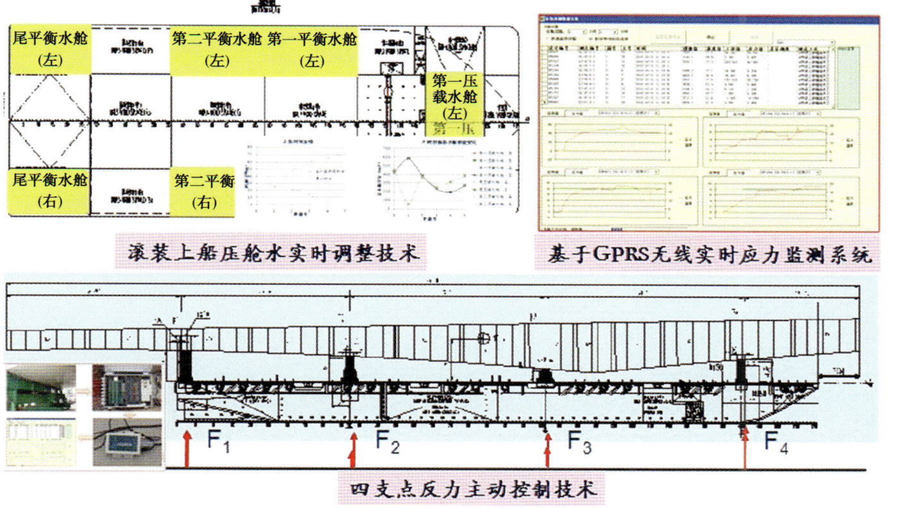

图 2 装船运输四支点反力主动控制技术

3. 大跨径变截面连续钢箱梁桥整孔逐跨架设技术

首创了大跨径变截面连续钢箱梁无合龙段的整孔逐跨架设技术，避免了复杂的合龙段施工工序，提高了架设精度，保证了工期；在国内首次研发了两艘起重船联合吊装大节段钢箱梁技术，解决了超长、超重梁段的吊装难题；针对大节段箱梁的高空、高精度调位与拼接难题，研发了集钢箱梁临时连接与调位于一体的牛腿构造及接缝口连接技术，保证了高强螺栓 100% 通过率，精度控制在 2mm 以内。如图 3 所示。

4. 大跨径连续钢箱梁桥制造、运输、架设全过程控制系统

基于几何控制法理论，建立了适于大节段整跨架设的设计—制造—架设全过程控制方法和控制系统；建立了大节段钢箱梁的复位匹配技术，实现了高精度的线形匹配；实现了全桥主梁工程用法序误差 ≤ $L/9250$ 的高精度控制效果。

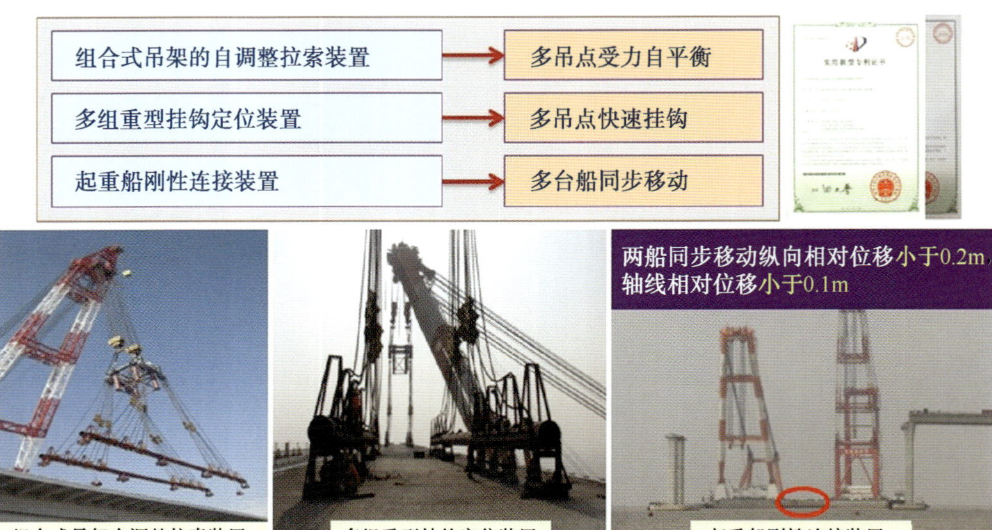

图3 架设相关3项专利技术

六、项目成果

项目获国家授权专利4项（发明专利1项），省级工法2项，修编行业标准规范1部，出版专著1部，发表论文20篇。项目自主创新成果在国内多座大桥中得到推广应用，部分成果已纳入行业标准规范，具有显著的社会与经济效益。

七、项目获奖

荣获2013年度中国公路学会科技进步特等奖。

八、推广应用

项目研究着力解决大跨径连续钢箱梁桥建设中的技术问题，全面提升了我国钢箱梁桥建设水平，属国际先进（部分国际领先）的桥梁工程设计与施工技术，具有广泛的应用和推广价值。本项目研究成果在崇启长江公路大桥建设中得到直接应用，大桥应用了项目提出的调谐质量阻尼器（TMD）、制造及架设精度标准、大节段体系转换及滚装装船主动控制技术、无合龙段的整孔逐跨架设技术、全过程实时监控等研究成果，解决了诸多大桥关键技术难题，为大桥优质高效的建成提供了有力支撑，依托崇启大桥建设平台，研发出多项专利和工法；港珠澳大桥深水区非通航孔桥设计中借鉴了项目部分研究成果，优化了结构设计；部分成果已纳入行业标准《公路钢结构桥梁设计规范》（报批稿）；形成具有行业推广作用的集设计、施工于一体的成套技术，为类似桥梁建设提供了技术支撑。

项目研究着力解决大跨度连续钢箱梁桥建设中的技术问题，全面提升了我国钢箱梁桥建设水平，崇启大桥的建成开创了我国大跨度变截面钢箱梁建设的先河，对我国桥梁建设“大型化、工厂化、装配化、标准化”起到了重要的示范作用，代表了我国大跨度变截面连续钢箱梁桥建设的最新水平。

4. 悬索桥主缆分布传力锚固系统设计施工关键技术研究

一、第一完成单位

南京重大路桥建设指挥部

二、参加单位

1. 中交公路规划设计院有限公司
2. 西南交通大学
3. 中交第二航务工程局有限公司
4. 中交第二公路工程局有限公司
5. 中铁宝桥集团有限公司

三、主要完成人

武焕陵、崔冰、李乔、章登精、戚兆臣、赵灿晖、何超然、成宇海、牛亚洲、王隽超、李丹、古常友、马欣生、葛宝翔、赵顺增、董萌、夏嵩、张清华、张育智、沈斌、郭志明、陈研、夏敦宁、镇甜甜、周畅。

四、项目简介

主缆作为悬索桥的主要承重结构，锚固系统的工作性能决定了主缆能否正常工作、结构整体是否安全，是悬索桥的关键结构之一。本课题以南京长江第四大桥（以下简称"南京四桥"）主桥工程建设为依托，提出了主缆分布传力锚固系统这一全新的锚固结构体系，并对这一结构开展了深入研究。

针对悬索桥主缆分布传力锚固系统的特点和难点，对设计、施工中的关键技术问题进行了研究，主要包括：锚固结构钢筋混凝土榫传剪器群构造设计技术、锚固结构传力机理及承载力研究、传剪器群设计计算方法；锚固系统的制造、安装成套技术等。

项目研究成果得到了行业内专家的高度评价，鉴定认为"本项目的研究成果具有原创性，为悬索桥锚固系统的设计与施工提供了新的构思，达到国际领先水平"。

五、技术创新

1. 首次提出并实践了“以钢筋混凝土榫传剪器群作为主要传力元件，将主缆拉力渐次分布到锚碇混凝土”的悬索桥主缆分布传力锚固系统；通过足尺模型试验，首次探明了分布传力锚固系统的传力机理，验证了分布传力锚固理念。与传统的钢框架后锚梁锚固系统相比，锚体主拉应力降低 2.5 倍，应力扩散区域增大了 3 倍以上，解决了锚固区混凝土的应力集中问题，有利于提高悬索桥主缆锚固系统的耐久性和可维护性，丰富和发展了悬索桥主缆锚固体系。如图 1 所示。

2. 揭示了深埋钢筋混凝土榫传剪器的承载机理，提出了锚固系统简化有限元分析方法和荷载—滑移变形协调理论计算模型，与传统的有限元计算方法相比，提高计算速度 50 倍以上，为分布传力锚固系统的设计和计算提出了新的方法。

3. 基于锚固板制造—安装一体化的理念，首次提出了锚固板水平预拼与空间叠层定位技术，解决了锚固板精细化制造和精确定位问题；提出了芯棒钢筋桁架定位、锚固区混凝土的单侧、多层浇筑工艺，解决了密集传剪器群的施工技术难题。

4. 综合上述三点形成了分布传力式锚固系统设计、施工成套技术，为分布传力式锚固系统的应用及推广提供了理论、方法及技术基础。

六、项目成果

1. 分布传力式主缆锚固系统在南京四桥建设中首次提出并付诸工程实践，传力机理明确、结构构造新颖，为原创性的研究成果。

2. 与传统的钢框架后锚梁系统相比，分布传力锚固系统将主缆拉力分散于长度约为 5m 的长度范围内，在最不利组合下，将钢框架后锚梁锚固系统的混凝土主拉应力由超过 2.5MPa 减小至 1MPa 以下，锚体混凝土应力集中大幅降低；正常使用荷载作用下以传剪器群作为主要传力结构，锚固板后端的后锚梁提高整个锚固系统的安全储备。

3. 与预应力锚固体系相比，分布传力锚固体系省去了留孔、穿筋、灌防腐剂等工艺，锚固钢结构被锚体混凝土所包裹，有利于满足防腐性和耐久性的要求，省去了后期预应力筋的维护与更换分布传力锚固体系的工作状态可以由钢板与混凝土之间的滑移量来评定，监测系统较预应力锚固

图 1 传力锚固系统

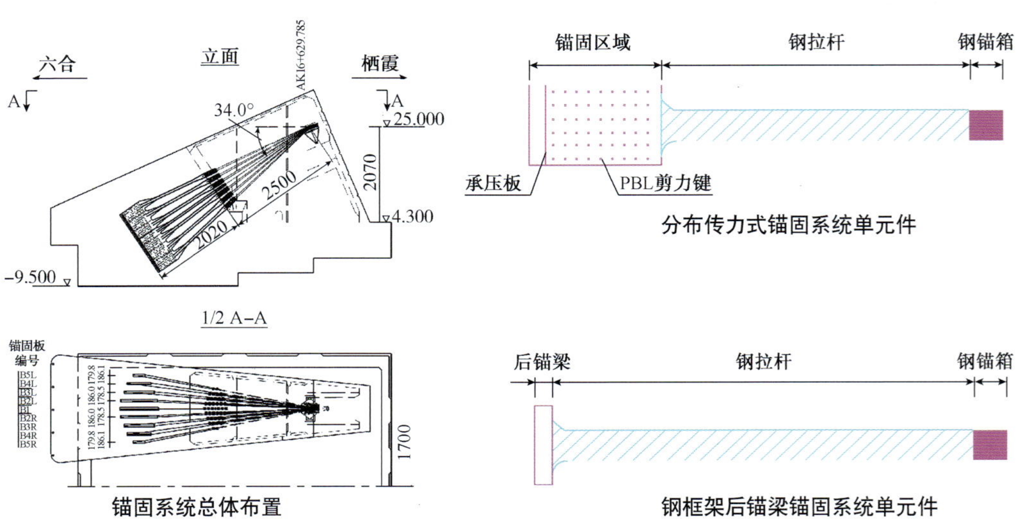

图 2

体系简单。

4. 与立位预拼技术相比，水平预拼技术既实现了制造、安装一体化的生产理念，又大大简化了预拼胎架和测量系统，而且实现了多胎架并行作业，施工效率大为提高。

5. 与整体式桁架定位法相比，空间叠层定位技术大大减少了锚固结构临时支架用钢量，锚固板的姿态调整灵活方便，锚固板定位风险较小，实现了锚固板全天候安装。

6. 芯棒钢筋桁架定位具有定位准确、刚度大、混凝土浇筑扰动小的特点，定位精度优于传统的钢筋网片定位工艺。首次采用的单侧、多层传剪器施工工艺，解决了传剪器孔内混凝土密实的技术难题。

7. 本项目申请专利 1 项，获企业工法 1 项；出版专著 1 部，在国内权威刊物发表论文 10 篇，培养交通行业人才、博士、硕士 37 人，研究成果已成功应用于南京四桥等 3 座特大型桥梁的设计、施工中，仅南京四桥即产生直接经济效益 1852 万元，并取得了巨大的社会效益，推广应用前景广阔。

七、项目获奖

荣获 2012 年度中国公路学会科技进步特等奖。

八、推广应用

1. 悬索桥主缆分布传力锚固系统，解决了锚固区混凝土的应力集中问题，改善了锚固系统施工的便利性和经济性，有利于提高悬索桥主缆锚固系统的耐久性和可维护性，为悬索桥锚固系统提供一种全新的构思，丰富和发展了悬索桥主缆锚固体系，具有广阔的应用前景，目前已在南京长江四桥建设中成功应用。

2. 本项目揭示了深埋钢筋混凝土榫传剪器的承载机理，提出了钢筋混凝土榫传剪器群的简化有限元分析方法和荷载—滑移变形协调理论计算模型，这些研究成果不仅可用于分布传力锚固系统的设计与计算，也为深埋式钢—混凝土混合结构的设计、计算提供了新的方法，推广意义深远。目前已在广西罗文大桥、江西峰山一桥等其他大型桥梁的设计中得到应用。

3. 锚固板水平预拼与空间叠层定位技术，解决了锚固板精细化制造和精确定位问题，保证了制造、安装精度、提高了生产效率，为后续类似工程提供了经验。

4. 芯棒钢筋桁架定位、锚固区混凝土的单侧、多层浇筑工艺，解决了密集传剪器群的施工技术难题，可推广应用于钢筋混凝土榫传剪器的施工中。

5. 超大"∞"字形地连墙深基础设计及施工成套技术

一、第一完成单位

南京长江第四大桥建设协调指挥部

二、参加单位

1. 中交公路规划设计院有限公司
2. 中交第二航务工程局有限公司

三、主要完成人

娄学全、武焕陵、崔冰、殷扬、章登精、李宗平、戚兆臣、沈斌、史国刚、董萌、何超然、徐伟、杨玉泉、王超、杨凤举、郁犁、杜亚江、周晓华、钟永新、杨树荣、王宏翔、田雨金、钟增勇、

陆凯华、周晓陵。

四、项目简介

南京长江第四大桥（以下简称"南京四桥"）首次将"∞"字形地连墙应用于桥梁深基础结构。本课题针对"∞"字形地连墙深基础设计及施工特点与难点展开研究，主要包括：超大"∞"字形地连墙深基础设计研究，地连墙施工技术研究，深基础开挖施工技术研究，地连墙深基础信息化施工技术研究和地连墙深基础施工风险预案措施研究。

本研究课题在深基础施工领域有重大突破和创新，达到国际领先水平，促进了行业技术进步，具有重大的推广及应用价值。首次成功实践"∞"字形深基坑地连墙支护结构，并成功应用于悬索桥锚碇结构，为深基坑支护结构提供了一种新形式。

本项目创新成果在南京四桥南锚"∞"字形地连墙深基础施工中发挥了至关重要的作用，使得平面位置偏差≤±3cm，墙体的累计最大水平位移仅12mm，确保了基坑及周边建造物的安全。同时，通过研究直接节省施工成本近5000万元，取得了良好的经济效益。2010年4月交通运输部南京四桥第二次技术专家组会议认为，南锚"∞"形地连墙基础工程是地连墙基础工程建设水平的新跨越。

五、技术创新

1. 首次成功实践"∞"字形深基坑地连墙支护结构，并成功应用于悬索桥锚碇结构，为深基坑支护结构提供了一种新形式。如图1所示。

2. 通过对结构及受力特性研究，掌握了"∞"字形地连墙深基础的力学性能，施工监控实测数据证实了"∞"字形地连墙深基础设计、施工的合理性。

3. 首次研发了"Y"形特殊槽段成套施工技术。

4. 通过施工过程的数值模拟、荷载识别技术、支护体系受力敏感性分析、合理布置监测点和基坑开挖安全预警预报等技术研究，形成了全过程自适应的施工控制技术。

5. 在大形深基坑开挖施工领域，采用了物理反演与正演计算相结合的方法，评价基坑的安全性，与实际吻合较好。

六、项目成果

1. 南京四桥地连墙为"∞"字形结构，长82.00m，宽59.00m，深度达43m，其结构形式独特，为国内第一，首次应用于悬索桥锚碇结构。

2. "∞"字形地连墙有两处"Y"形特殊槽段，其槽形复杂，单槽五铣成槽，施工难度大，在地连墙施工技术领域，首次进行"Y"形特殊槽成槽施工。

3. 南京四桥基坑开挖深度大，地连墙外未设置挡水结构，另外地连墙四周紧邻大堤、石油管线、国家粮库等重要构造物，保护等级高，基础施工存在较大的施工风险。因此南京四桥南锚碇地连墙深基础施工预案措施比以往类似工程要求更加严密。

4. "∞"字形地连墙深基础信息化施工采用物理反演的方法进行荷载识别，进而与正演计算结合，评价基坑的安全性，指导施工。

5. 南锚距长江大堤只有80m，基坑渗流大，而基坑抽水试验结果表明：基坑日渗水量≤150m^3，小于以前类似桥梁地连墙基坑日渗水量。2009年11月10日南锚完成基坑

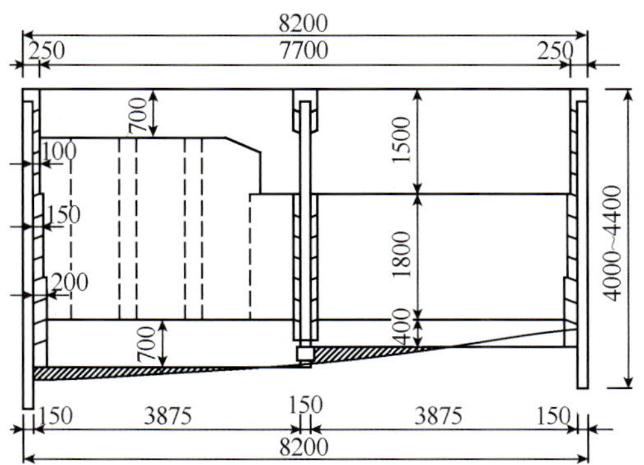

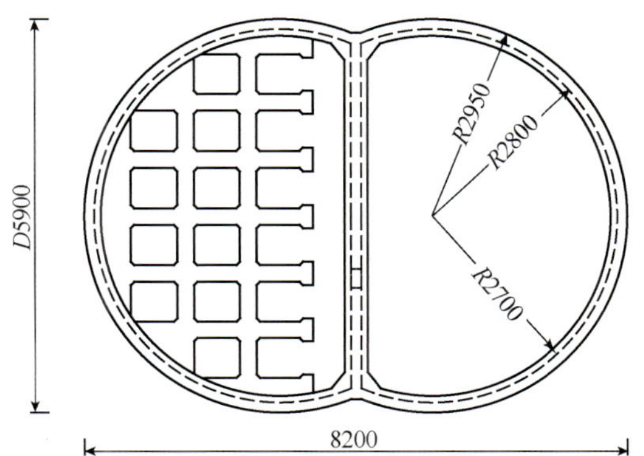

图1 地下连续墙一般构造（尺寸单位：cm）

开挖，从外露地连墙表面观测表明：地连墙平面位置、垂直度、铣接头质量及混凝土质量良好，基坑封水效果非常好，优于以往类似桥梁地连墙深基坑。

6. 基坑开挖及内衬施工平均6d开挖完一层，在工程量相当的情况下，均比国内已经成功实施的大桥要快，达到快速开挖并形成支撑的目的，大大降低了基坑施工风险。

7. 南京四桥南锚基坑施工过程中，围护壁累计最大变形为12mm，相对位移仅为0.03%，与国内外同类基坑变形相比非常小，围护结构各控制断面的应力和周边土体的沉降也远小于预警值，整个开挖过程中围护体系始终处于正常运行状态，无异常突变。

8. 与润扬大桥北锚、阳逻大桥南锚和黄埔大桥南锚等国内类似工程的监测结果比较发现，四桥南锚地连墙的最大变形值比矩形基坑（润扬大桥北锚）小得多，比圆形基坑（阳逻大桥南锚和黄埔大桥南、北锚）稍小，这说明"∞"形基坑围护体系的拱作用明显，有利于控制变形。

本课题获专利两项，发表论文多篇。

七、项目获奖

荣获2010年度中国公路学会科技进步特等奖。

八、推广应用

1. "∞"形地连墙可大幅减小单圆半径，结构受力较小，可最大限度节约场地并减少投入，改善基础结构整体受力，为今后桥梁锚碇基础及其它建筑深基础支护结构设计提供了一种新形式，推广前景广大。

2. "Y"形特殊槽成套施工技术可为后续类似槽段施工提供成功经验。

3. 超大"∞"字形地连墙施工监控技术基于现有有限元理论，以成熟的通用程序为平台，完成了基坑开挖过程三维非线性模拟，确定了支护结构的关键受力断面，优化了传感器的布置数量。本技术发挥了Geken-603测斜仪的优点，研发了一套地连墙的深层侧向变形测试技术和图形优化分析方法，测试数据可靠。通过高效的数据处理和施工工程的反馈计算，实现了基坑支护结构安全性的在线评估，为正确施工数据提供了数据支持，该成套技术填补了国内空白，可供今后类似工程参考。

4. 超大"∞"字形地连墙深基础信息化施工成套技术研究，建立了以地连墙深层侧向位移监测数据为依据，以地连墙荷载为目标的荷载识别物理反演方法，并采用"结构—荷载模型"，将反演识别荷载与正演分析方法相结合判别基坑的安全性。该方法克服了传统的基于智能计算的参数反演方法对训练样本的依赖性，解决了包括基坑开挖早期在内的基坑全过程安全性评价问题。课题建立的深基坑施工控制方法可供类似工程应用和参考，该方法目前应经应用于郑州东风路—文化路下穿式隧道工程、赣江公路大桥东锚碇等多个大形深基坑实践中，得到了各方好评，有效促进了深基础施工技术的发展。■

6. 海洋环境下长寿命混凝土结构耐久性研究

一、第一完成单位

杭州湾大桥工程指挥部

二、参加单位

1. 宁波工程学院
2. 清华大学
3. 浙江大学
4. 中交公路规划设计院有限公司
5. 中铁大桥勘测设计院有限公司

三、主要完成人

方明山、干伟忠、陈肇元、张宝胜、王仁贵、王东晖、王梓夫、金伟良、陈涛、王家荣、蔡可健、吴朝晖、朱建亮、李跃明、陈琦、吴全友。

四、项目简介

杭州湾跨海大桥是世界上最长的跨海桥梁，总长达36km，设计使用寿命100年，主体为混凝土结构，全桥混凝土用量近2.5Mm^3。杭州湾属世界四大强潮海湾之一，风浪大，潮差高，海流急，海水氯离子实测含量为5.54～15.91g/L。杭州湾地区在役混凝土结构腐蚀状况的调查分析显示，影响工程混凝土结构耐久性的主导因素是Cl^-的侵蚀。

因此，为保障大桥满足百年的设计使用寿命要求，由杭州湾大桥工程指挥部牵头，组织有关高校及大桥主体设计单位进行联合攻关，并于2003年列入交通部重点科技项目计划，前后历时4年，从建筑材料指标、混凝土腐蚀机理探寻、耐久性设计措施及施工技术规程制订、耐久性监测及评估等方面进行研究，形成了成套技术，并直接用于大桥的设计与施工实践，并为以后同类桥型的建设提供了重要参考和借鉴。

项目于2008年顺利结题，鉴定委员会认为，海洋环境下长寿命混凝土结构耐久性研究技术成果，在杭州湾跨海大桥建设中已得到全面实施和应用，社会经济效益显著，具有很高的推广应用价值，其成果总体上达到国际领先水平。

五、技术创新

1. 从整体结构的角度，全面系统地对海洋环境下混凝土结构耐久性所涉及的技术问题进行了攻关，制定了耐久性设计、施工、维护、监测预警、检验评定等技术文件，并成功地运用于杭州湾跨海大桥混凝土工程。

2. 首次系统的开展了混凝土结构耐久性设计措施及施工规程的研究工作，并系统的提出了以“基本措施、附加措

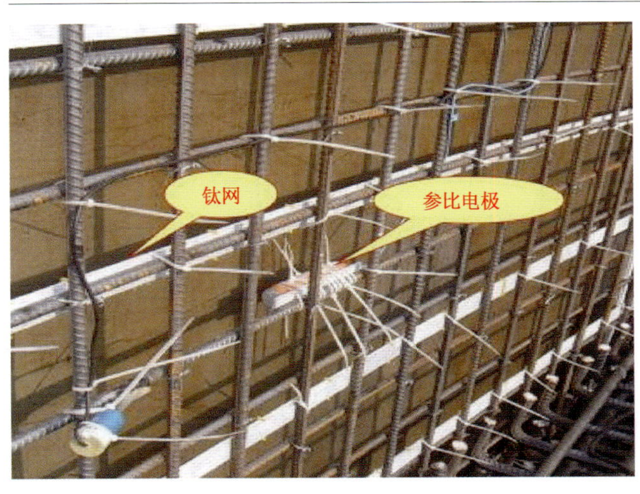

索塔通电流的阴极保护

Cl^- 渗透传感器

施和监测及评估措施”为体系的耐久性措施，针对不同结构部位采取了不同的设计与施工措施，同时注重引进消化国际先进技术，获得了混凝土耐久性设计与施工成套技术成果。

3. 首次借助室内模拟加速实验，初步从理论和实验两个方面预测了大桥混凝土结构设计寿命，并建立了现场长期试验暴露站，为长期监测和预测大桥混凝土耐久性提供了技术支撑和理论手段。

4. 在欧洲混凝土氯离子扩散系数快速测试方法基础上，自主研制出自动控制扩散系数测定仪。

5. 采用监测混凝土耐久性预埋式技术，创造性地提出了可靠的钢筋脱钝电化学参数和输出光功率变化综合判据，研究开发了对混凝土结构预期寿命动态预报的实时监测技术。

6. 首次明确了100年工程预期使用寿命（年限）的统计学定义。

六、项目成果

项目成果在相关行业和领域内具有显著的示范效益。研究成果已经被中国土木工程学会标准《混凝土结构耐久性设计与施工指南》（CCES01—2004）和交通部行业标准《公路工程混凝土结构防腐蚀规范》（JTG/T B07—01—2006）以及国家标准《混凝土结构耐久性设计规范》（GB—50476—2008）所采纳。

项目符合科技发展“创新、产业化”的指导方针，通过在强潮流、多盐雾海洋下的工程实践，提出了杭州湾海洋环境混凝土结构耐久性的解决方案和综合措施，实现了对杭州湾跨海大桥混凝土结构耐久性长期原体的无损动态监测，为后续类似海工混凝土结构工程提供了示范，对今后我国海洋环境重大建设项目具有特殊意义，其取得的技术成果，为国内相关技术规范的制订和完善奠定了基础，并将为国内、国际后续同类桥梁工程提供借鉴，具有显著的社会与经济效益。

七、项目获奖

荣获2008年中国公路学会科学技术特等奖。

八、推广应用

1. 项目成果先后在金塘大桥、青岛海湾大桥、象山港大桥、马来西亚槟城二桥、泉州湾大桥等大桥中得到成功应用。

2. 研究成果已经被中国土木工程学会标准《混凝土结构耐久性设计与施工指南》（CCES01—2004）和交通部行业标准《公路工程混凝土结构防腐蚀规范》（JTG/TB07—01—2006）以及国家标准《混凝土结构耐久性设计规范》（GB 50476—2008）所采纳。■

7. 贵州坝陵河大桥超大型隧道锚及钢桁梁创新技术研究与应用

一、第一完成单位

中交公路规划设计院有限公司

二、参加单位

中交第二航务工程局有限公司

三、主要完成人

彭运动、孟凡超、张鸿、徐刚、覃宗华、刘波、刘高、付望林、高衡、杨昌维、张克、周开国、刘晓东、黄海鸥、门永斌、庞颂贤、王世峰、曾宇、孔庆凯、王超。

四、项目简介

课题依托贵州坝陵河大桥项目，主要对山区峡谷大跨径钢桁梁悬索桥的钢桁梁的设计、施工架设、架设设备研制、先导索牵引、抗风措施气动翼板以及超大型隧道锚的设计、施工等方面的技术进行了系统研究和技术创新，研究成果有力地支撑了坝陵河大桥的建设，为类似桥梁的建设提供了指导和借鉴。

项目于2009年顺利结题，经鉴定，总体达到国际先进水平。

五、技术创新

1. 首次在国内悬索桥钢桁加劲梁架设中采用桥面吊机悬臂架设方法，首创了单边两铰逐次刚接法的钢桁加劲梁架设施工新技术和新工艺；成功地研制和应用了桥面吊机以及桁片运输车等专用设备，工效高，费用省，安全可靠。

2. 在国内首次采用了柔性中央扣构造，有效地改善了短吊索的抗疲劳性能，提高了坝陵河大桥的全桥刚度，减小了加劲梁的纵向位移。

3. 通过对山区峡谷风特性的研究，提出了采用气动翼板抗风措施，实现了抗风措施的技术创新；首次在桥梁结构中采用新型特种工程塑料PPS（聚苯硫醚），从根本上解决了翼板蒙皮材料的防腐问题。

4. 首次在悬索桥施工中采用遥控飞艇牵引先导索技术，为先导索架设提供了一种新工法。

5. 首次将“岩体溶蚀率”引入到顺层溶洞、溶隙和张节理发育岩体质量评价中，在坝陵河大桥工程设计施工中成功应用。

6. 结合岩块室内试验和现场不同比例尺的原位试验，通过反演分析合理分析“尺寸效应”，深入评价围岩变形和塑性区分布，评价隧道锚的安全度。

六、项目成果

项目获国家授权专利4项（发明专利1项），软件著作权1项，国家级工法1项。项目自主创新成果在国内外多座大桥中得到推广应用，具有显著的社会与经济效益。

七、项目获奖

荣获中国交通建设集团有限公司科学技术特等奖。

八、推广应用

项目取得的关键技术先后在坝陵河大桥、清水河大桥、南溪长江大桥、刘家峡大桥、万州驸马长江大桥等大桥中得到成功应用。■

8. 桥梁工程全寿命设计理论与方法研究

一、第一完成单位

中交公路规划设计院有限公司

二、参加单位

1. 同济大学
2. 长安大学
3. 北京工业大学

三、主要完成人

孟凡超、陈艾荣、徐国平、刘高、阮欣、刘明虎、左慧、胡江碧、刘来君、马军海、耿刚强、高冬光、胡明义、吴海军、 贺拴海、张克、黄李骥 、张杰、吴文明 、王毅、马如进、王达磊、于兴环、周艳青、张宝胜、 邬都、林道锦、王尧、蔡景旺、刘化图、刘峰、高剑、王玉倩、吴新元、金玉泉、罗晓瑜、李燎菁、徐群丽、余俊林、谭皓、宋一凡、耿爽、高玲玲、刘妍、赵瑞鹏。

四、项目简介

交通部西部交通建设科技项目“桥梁工程全寿命设计理论与方法研究”由中交公路规划设计院有限公司主持实施，同济大学、长安大学和北京工业大学等单位共同参与研究，项目负责人为孟凡超设计大师、陈艾荣教授、徐国平教授级高工，在所有参研人员的共同努力下，历时 4 年（2004 ～ 2008 年），在桥梁工程全寿命设计理论与方法体系、桥梁主要构件设计使用寿命确定方法、桥梁全寿命周期成本分析模型与软件、桥梁风险评估的理论和方法、桥梁各阶段设计原则和方法、设计指南等方面取得了丰硕的研究成果，并经过了实桥应用验证。

项目于 2009 年 3 月 4 日在北京通过了交通运输部组织的专家鉴定验收，项目鉴定与验收专家委员会一致认为本项目研究成果总体达到了国际领先水平。

五、技术创新

1. 创建了我国系统的桥梁工程全寿命设计理论与方法体系。如图 1 所示。

2. 提出了主要构件的设计使用寿命确定方法、计算公式、计算参数和设计使用寿命建议值。

3. 首次建立了考虑折现率的桥梁工程全寿命周期成本计算模型，研发了桥梁工程全寿命周期成本计算参数数据库和分析软件。

4. 建立了桥梁工程风险评估的理论和方法。

5. 提出了桥梁工程可行性研究、初步设计和施工图设计等三个阶段的全寿命设计内容。

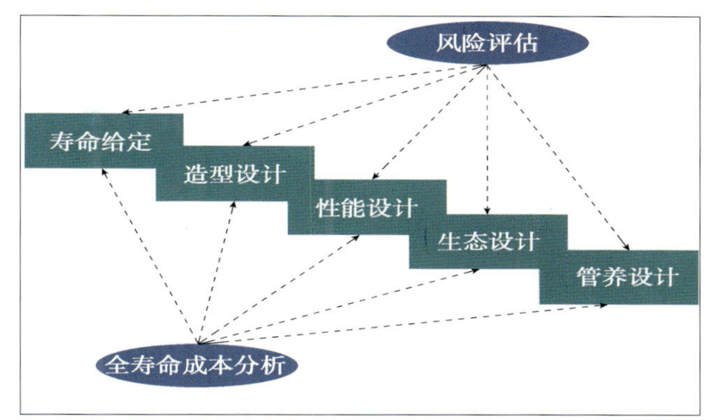

图 1 桥梁全寿命设计方法体系

6. 首次提出了桥梁工程混凝土构件、钢结构构件、缆索系统和附属设施的全寿命设计原则和方法。

7. 编制了桥梁工程全寿命设计指南。

六、项目成果

项目为交通行业提出了桥梁工程新型设计理念、方法和体系，提供了桥梁全寿命设计工程范例，出版了 3 本学术专著，取得软件著作权 1 项，极大地提升了我国公路桥梁设计及建设技术水平，我国公路桥梁建设对推动并落实科学发展观，提高桥梁工程设计、施工、管养水平，保障桥梁工程耐久性，提高工程投资效益，实现社会财富的有效积累具有十分重要的意义。

七、项目获奖

本项目研究成果先后荣获 2008 年度中交股份科学技术进步奖特等奖和 2010 年度中国公路学会科学技术奖一等奖。

八、推广应用

项目自主创新成果已成功应用于湖北鄂东长江公路大桥、杭州湾跨海大桥、港珠澳大桥和宁波象山港公路大桥等多座大型桥梁工程，已经产生并将进一步产生更大的经济效益和社会效益，推广应用前景广阔。■

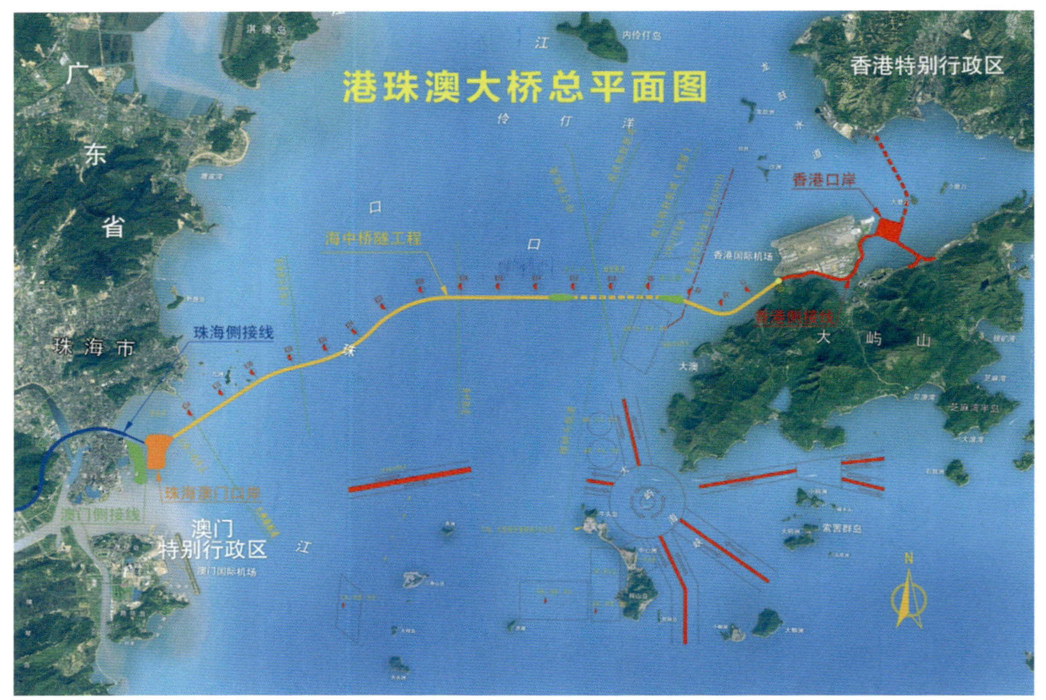

9. 港珠澳大桥设计技术标准研究报告

一、第一完成单位

中交公路规划设计院有限公司

二、参加单位

港珠澳大桥前期工作协调小组办公室

三、主要完成人

孟凡超、刘晓东、张劲文、周海涛、苏权科、徐军、查雅平、江晓霞、刘磊、陈虎成。

四、项目简介

港珠澳大桥大桥主体工程由三地共同出资建设，根据三地达成的协议，需同时满足三地设计技术规范及标准要求。三地的设计技术规范体系及规范细目存在差异，虽然按各自规范建设的道路桥梁工程均可满足三地车辆运行需要，但大桥作为一个统一的整体，必须执行统一的技术标准以达到同时满足三地要求，如何选择确定项目技术标准及规范要求，是必须首先解决的问题。

同时，港珠澳大桥为国内首例集岛、桥、隧为一体的跨海集群工程，许多内容没有相关规范（如沉管隧道、岛隧结合部设计；岛、桥、隧采用的水文、抗震标准的协调等），需研究确定如何

选择使用设计规范。

2006 年 5 月 24 日，港珠澳大桥前期工作协调小组办公室联合中交公路规划设计院有限公司开展本项研究，几易其稿，并向三地政府充分征求意见，通过政府聘请独立咨询公司审核，至 2009 年 2 月，完成港珠澳大桥设计技术标准研究报告编制，对设计中如何处理三地标准差异，选用设计规范，以满足三地要求；对三地规范中均不涵盖的内容如何参考国外同类工程资料及参考规范给出了指导意见。

五、技术创新

1. 结合工程方案设计需要，首次系统地比较了内地桥梁、海工、结构等规范与香港地区规范的差异。

2. 在全面比较分析的基础上，提出了按“总体就高不就低、运营管理设计满足管理者要求、不明确问题具体分析”的原则处理三地规范差异，确定设计规范使用原则，并获得三地政府批准。

3. 对于设计中必须用到，但两地规范中均缺乏的内容及两地规范均不适用的技术，则寻找世界范围内的成熟规范，经研究后提出了设计参照标准。

4. 通过对依据不同规范的设计结果分析，提出了设计中总体规范使用原则及指南。

5. 港珠澳大桥地跨香港、珠海和澳门地区，三地关于桥梁设计的技术规范体系及规范细目不一样，为保证大桥按统一标准建设，无论大桥采用各自建设或统一建设模式，均要求形成一套本桥统一的技术标准规范。

本项研究后为后续跨界、跨行业工程建设中合理快速确定技术规范及标准具有重要的示范意义。

六、项目成果

《港珠澳大桥设计技术标准研究报告》。

七、项目获奖

项目成果荣获全国优秀工程咨询成果奖一等奖。

八、推广应用

本研究中的各项成果获得三地政府认可，并应用于港珠澳大桥工程可行性研究中，获得国家批准。■

10. 西部地区公路桥隧工程风险评估研究

一、第一完成单位

中交公路规划设计院有限公司

二、参加单位

1. 交通运输部公路科学研究院
2. 中交第一公路勘察设计研究院有限公司
3. 贵州省交通运输厅
4. 同济大学
5. 中交第一公路工程局有限公司

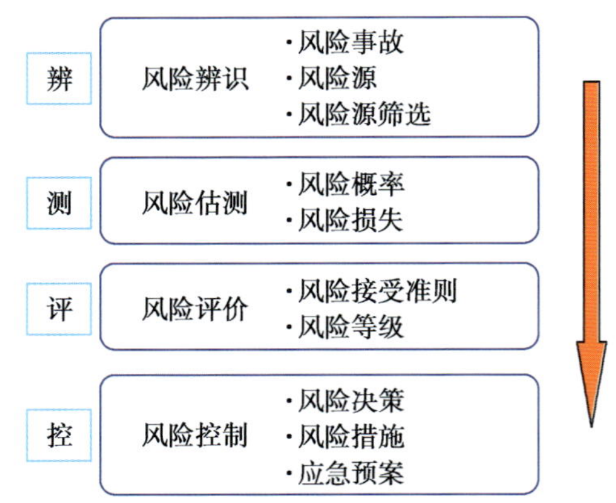

图1 风险评估流程

三、主要完成人

张喜刚、徐国平、刘高、王华牢、赵君黎、王晓晶、赵怀志、罗强、张杰、刘学增、薛亚东、任仁、刘元泉、王松根、冯苠、马军海、黄李骥、尹新刚、梅世龙、李贞新、邬都、陈健蕾、师刚、唐亮、吴文明。

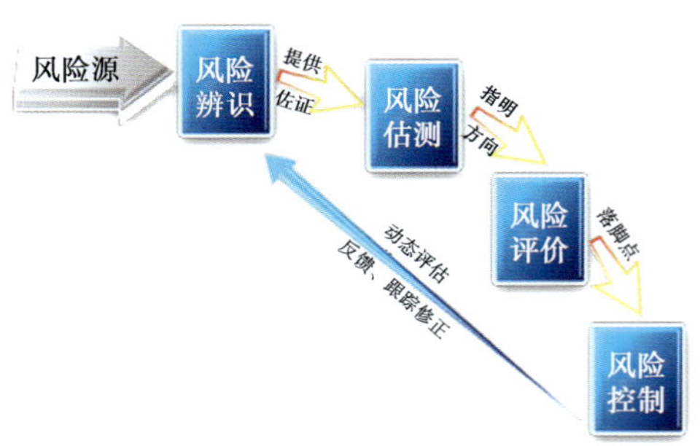

图2 各风险评估环节的相互关系

四、项目简介

2008年1月，交通运输部提出了“建立桥隧工程设计和施工安全风险评估制度”的要求；2008年6月，交通运输部设立了交通建设重点科技项目“西部地区公路桥隧工程安全风险评估研究”，其宗旨是遏制桥梁工程事故频发的势头，为决策服务，减少桥梁施工、运营期事故发生，降低损失，缓解决策压力，并借此完善公路桥隧工程风险评估模式，编制相应的技术标准，推动行业技术进步。其研究的关键技术包括公路桥隧工程建设安全风险评估管理办法研究、西部地区公路桥梁工程建设安全风险评估研究、西部地区公路隧道工程建设安全风险评估研究、西部地区公路桥隧工程建设安全风险评估示例研究、长大桥隧安全运营管理对策研究以及部级长大桥隧安全运营监管系统规划与开发研究等。

该项目于2011年3月完成验收，经交通运输部等鉴定，总体达到国际先进水平。其成果已被2010年交通运输部文件“关于在初步设计阶段实行公路桥梁和隧道工程安全风险评估制度的通知”采纳，并编制了相应的《公路桥梁和隧道工程设计安全风险评估》，此后几年，该成果在全国应用，规范了桥隧工程风险评估技术，有效遏制了桥隧工程安全风险事故频发的势头，得到了行业内的广泛认可。

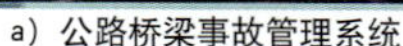

a）公路桥梁事故管理系统

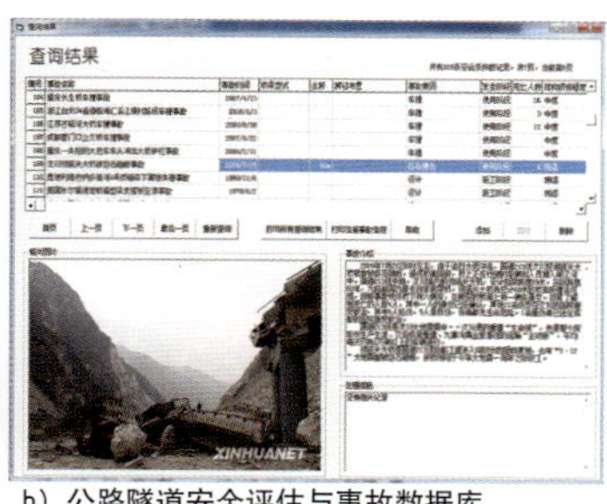

b）公路隧道安全评估与事故数据库

c）公路隧道风险评估专家调查系统

d）部级长大桥隧安全管理系统

图 3 公路桥梁和隧道安全风险评估核心软件

五、技术创新

1. 创建了公路桥隧工程风险评估方法体系，完成了首部《公路桥梁和隧道工程设计安全风险评估指南（试行）》，并于 2010 年 4 月 9 日配合交通运输部《关于在初步设计阶段实行公路桥梁和隧道工程安全风险评估制度的通知》（交公路发 [2010]175 号）在全国推广应用；编制了《公路桥隧工程风险评估管理办法》和《公路长大桥隧安全运营管理办法》。如图 1、图 2 所示。

2. 提出了桥隧工程经济损失率指标和环境影响评估指标，为定量风险分析提供了技术支撑。

3. 研发了具有自主知识产权的公路桥梁风险事故管理、公路隧道风险评估专家调查、公路隧道安全评估与事故数据库和长大桥隧安全管理等 4 个系统软件，并成功应用于示范工程。如图 3 所示。

4. 提出了长大桥隧安全运营管理对策，开发了部级长大桥隧安全管理系统，可为管理部门提供决策参考。

六、项目成果

项目获软件著作权 3 项，修编部颁指南和管理办法 2 部，出版专著 1 部，发表学术论文 17 篇。项目自主创新成果在国内外多座大桥中得到推广应用，部分成果已纳入行业标准规范，具有显著的社会、经济效益。

七、项目获奖

项目成果荣获 2011 年度中国公路学会科学技术一等奖和2011年度中交股份科学技术进步奖二等奖。

八、推广应用

项目创新成果在龙江特大桥、合江长江一桥、壶口黄河大桥、厦蓉高速三桥两隧、秦岭终南山隧道等 15 座典型桥隧工程进行了示范应用，对于预防和减少工程事故的发生、提高桥隧建设和运营管理水平等具有重要价值，其社会、经济效益显著。

为展示公路桥隧工程风险评估技术新成果，加强学术交流，项目负责人张喜刚应邀参加了由交通运输部科技司主办的交通科技大讲堂首次开讲第一讲（图 4），讲座题目为《公路桥隧工程风险评估》。相关学术活动的开展，推广了公路桥隧工程领域风险评估相关的新技术，促进行业的共同发展和提高。

另外，项目部分研究成果已纳入行业标准：《公路桥梁和隧道工程设计安全风险评估指南（试行）》，项目组在北京市、安徽省合肥市、陕西省西安市、贵州省贵阳市和湖北省宜昌市开展了 5 期公路桥隧设计安全风险评估宣贯会议（图 5），培养了高素质的科技人才 700 余人。■

图 4 科技大讲堂主题宣讲

图 5 部分宣贯会场现场

11. 坝陵河特大桥梁建设关键技术研究

一、第一完成单位

贵州高速公路集团有限公司

二、参加单位

1. 中交公路规划设计院有限公司
2. 贵州桥梁建设集团有限责任公司
3. 中交第二航务工程局有限公司
4. 西南交通大学

三、主要完成人

任仁、孟凡超、彭运动、罗强、周平、阮有力、刘波、刘高、纪为祥、刘扬、覃宗华、黄坤全、吴俊、康厚荣、廖海黎、朱乐东、王思敬、赵海斌、魏群、刘秀伟、梅世龙、门永斌、沈锐利、许德友、熊世龙。

四、项目简介

2005 年，交通部科技司批准了西部交通建设科技项目“坝陵河特大桥梁建设关键技术研究”。

课题针对世界首座跨越山区深切峡谷地形的千米级钢桁加劲梁悬索桥建设面临的钢桁梁施工架设、峡谷风场特性及抗风措施、复杂地质条件下隧道锚设计及施工多项技术难题等进行攻关，解决了一系列关键技术问题，有力地支撑了坝陵河大桥的建设，为我国山区大跨度桥梁建设奠定了基础，提高了我国桥梁建设的技术水平。

项目于2011年顺利结题，经交通运输部等鉴定，总体达到国际领先水平。

五、技术创新

1. 国内外首次提出了全桥四铰钢桁加劲梁结构体系，国内首次在悬索桥施工中应用了桥面吊机悬臂架设技术，突破了山区峡谷超千米悬索桥钢桁梁施工架设的技术难题。

2. 首次系统研究了山区峡谷的风场特征，国内外首次提出了"桥面开槽＋气动翼板"组合的新型气动控制措施，研发了PPS气动翼板新型结构，提出了桁架梁结构断面气动导纳参数的经验公式，发展了山区桥梁抗风计算理论。

3. 首次提出了"多尺度岩体溶蚀率"对裂隙溶蚀岩体质量进行评价，提出锚塞体不同比例尺原位试验与数值模拟的耦合反演方法，率先取得了隧道锚碇承载力的"尺寸效应"定量规律，攻克了岩溶极端发育地区超大断面、大倾角、小间距、群洞效应下的隧道锚设计与施工的技术难题。

六、项目成果

项目获国家授权专利6项（发明专利1项），软件著作权1项，国家级工法1项。项目自主创新成果在国内外多座大桥中得到推广应用，部分成果已纳入行业标准规范，具有显著的社会、经济效益。

七、项目获奖

项目成果荣获中国公路学会科学技术一等奖，省级科学技术二等奖等多项奖励。

八、推广应用

1. 项目取得的关键技术先后在坝陵河大桥、清水河大桥、南溪长江大桥、刘家峡大桥、万州驸马长江大桥等大桥中得到成功应用。

2. 项目部分研究成果已纳入《公路悬索桥设计细则》（批报稿）等交通行业标准规范。

12. 超大规模沉井关键技术研究

一、第一完成单位

南京长江第四大桥建设协调指挥部

二、参加单位

1. 中交公路规划设计院有限公司
2. 中交第二公路工程局有限公司
3. 东南大学

三、主要完成人

武焕陵、彭更生、薛光雄、王承江、田欣、徐翚、牛亚洲、濮卫、穆保岗、栾昌花、钟瑶、董萌、荆刚毅、卜红旗、宗海。

四、项目简介

本项目以南京长江第四大桥（以下简称“南京四桥”）北锚碇工程建设为依托。

南京四桥北锚碇设计采用大型深沉井基础，平面尺寸69m×58m，下沉深度52.8m，其平面规模目前位居国内桥梁陆域沉井之首。沉井所处位置濒临长江大堤约80m，坐落在层厚很薄的卵砾石层上，地质条件复杂，施工难度大。

针对超大规模沉井关键技术难点问题，组织设计、施工、科研院校等单位，在南京四桥北锚碇工程建设中开展了系统研究，取得了一系列的重大科技成果，成功地解决了超大规模沉井施工

过程中的诸多技术难题：①超大规模沉井基础设计研究；②超大规模沉井下沉关键技术研究；③沉井降排水下沉施工期江堤沉陷量控制技术研究；④超大规模沉井信息化施工监控技术研究。

研究成果具有显著的创新性、实用性，达到同类技术国际领先水平。已成功应用于南京四桥北锚碇工程建设中，为确保工程质量达到“精品工程”奠定了坚实的基础。

经江苏省科技厅鉴定，“超大规模沉井关键技术研究”研究成果具有显著的创新性、实用性和良好的社会经济效益，获专利一项，发表多篇论文，推广应用前景广阔，达到了国际领先水平。

五、技术创新

1. 首次在超大规模沉井井壁外表面采用砂套助沉系统设计，有效降低了了井壁侧摩阻，同时，大大提高了空气幕的助沉效率。如图 1 所示。

2. 首次在陆域超大规模沉井施工中应用了“半排水下沉”的创新施工工艺，提高了效率。

3. 研发了预加沉井自重、预设空气幕和砂套的“组合式助沉”技术，可主动控制沉井下沉的效率和精度。

4. 提出了沉井降排水下沉施工期江堤沉陷量控制技术，制定了监控细则，保证了沉井降排水下沉施工期江堤安全。

5. 对沉井几何姿态、结构应力应变、侧壁土压力及施工下沉的预测等实施全过程的监控，确保了沉井沉放精度和结构安全。

六、项目成果

《超大规模沉井关键技术研究》解决了南京长江第四大桥北锚碇工程建设中的诸多难点问题，研究成果的应用为南京长江第四大桥的成功建成奠定了坚实的基础。本项成果在南京长江第四大桥北锚碇施工中的应用，节省工期 54 天，节约成本约 2128 万元。

本课题获专利两项，发表论文多篇。

七、项目获奖

荣获 2010 年中国公路学会科技进步一等奖。

八、推广应用

研究成果在马鞍山长江大桥南锚碇沉井基础工程中得到了借鉴和应用，取得了较好的经济效益和社会效益，市场需求度高，具有一定的国际市场竞争优势，对国内外同类型工程的实施具有重要的示范作用。

图 1 沉井井壁砂套原理示意（尺寸单位：cm）

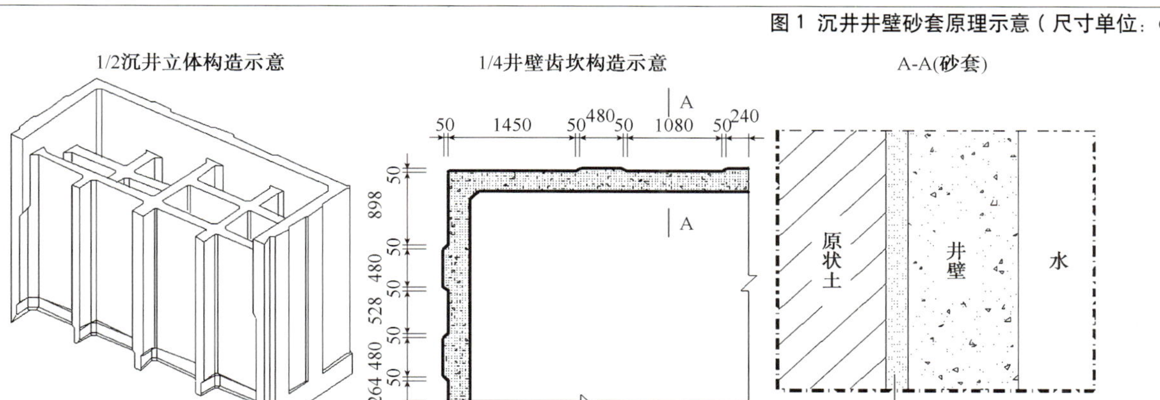

13. 特大型桥梁高精度 GPS 跨河（谷、海）高程传递关键技术研究

一、第一完成单位

中交公路规划设计院有限公司

二、参加单位

1. 国家测绘局第三大地测量队
2. 中国地质大学（武汉）
3. 中山大学

三、主要完成人

孟凡超、曾旭平、徐国平、马林兵、陈现春、陈刚、王仁贵、江剑虹、易绍平、崔冰、彭运动、杨晓滨、宋晖、刘晓东、刘化图。

六、项目成果

项目发表论文 10 余篇，出版专著 1 部，三大技术被评为“中国企业创新纪录项目”，修编行业标准规范 1 部。项目自主创新成果在国内外多座大桥中得到推广应用，部分成果已纳入行业标准规范，具有显著的社会与经济效益。

七、项目获奖

荣获 2006 年全国优秀工程勘察设计奖银奖（勘察）、2010 年全国优秀工程勘察设计奖银奖（设计）、2007 年中国公路学会科学技术一等奖、第十一届中国土木工程詹天佑奖、2008 年全国工程勘察设计行业优秀工程勘察设计行业奖一等奖、2008 年中国公路勘察设计协会优秀设计一等奖、2007 年中国科学技术发展基金会优秀预应力工程设计一等奖、2007 年度柳州市科学技术奖一等奖、2008 年广西壮族自治区科学技术奖三等奖等。

八、推广应用

阳逻大桥锚碇采用“外径 73m、内径 70m、壁厚 1.5m、深 61.5m，开挖深度 45m”的圆形地下连续墙基础，是世界第二大规模的实际应用工程，无黏结可换式预应力锚固系统属国际首次采用，结构新颖、技术含量高。多项创新点解决了武汉阳逻大桥建设中的诸多难点，同时也解决了代表同类桥梁工程的共同热点和难点问题，研究成果的应用确保了阳逻大桥的安全防洪、顺利实施和工程质量。

研究成果和工程实践经验受到工程界的高度评价和重视，许多关键技术的研究成果被多座大跨径悬索桥所应用和借鉴，如圆形地连墙已被广州珠江黄埔大桥、南京长江四桥借鉴采用，无黏结预应力锚固系统已在舟山西堠门大桥、广州珠江黄埔大桥、贵州坝陵河大桥、湖北四渡河大桥、湖南矮寨特大桥等桥梁中采用。上述研究成果的推广采用均产生了巨大的经济和社会效益。其他研究成果也均有重大的推广应用价值和前景。

16. 三跨连续全飘浮悬索桥体系研究与应用

一、第一完成单位

中交公路规划设计院有限公司

二、主要完成人

孟凡超、袁洪、彭宝华、王仁贵、周山水、徐国平、刘晓东、王永珩、苏善根、张克、段玉凤、江剑虹、刘明虎、吴伟胜、王梓夫。

三、项目简介

本项目依托厦门海沧大桥建设工程，厦门海沧大桥位于厦门市西海域，连接厦门东渡码头和大陆海沧开发区，是大陆与厦门本岛第二条重要的进出岛通道。厦门海沧大桥工程包括东航道桥（主桥）、西航道桥、引桥、引道、互通立交等分项工程，工程主线全长5927.47m，其中主线工程桥梁工程长3406.4m，主线工程道路工程长2521.007m。大桥按双向六车道设计，桥梁宽度32m，计算行车速度为80km/h。根据大桥建设条件要求，东航道主桥采用230m+648m+230m的亚洲首座三跨连续钢箱梁悬索桥。厦门海沧大桥是国家"九五"重点建设项目，工程总投资28.9亿元。中交公路规划设计院承担了除互通立交桥以外的全部主体工程的设计工作。厦门海沧大桥的

于 1995 年 7 月至 1996 年 5 月完成，1996 年 10 月至 1997 年 6 月完成施工图设计。工程于 1996 年 12 月开工，1999 年 12 月建成通车。

四、技术创新

1. 优化了三跨连续全飘浮悬索桥结构体系

世界上第一座大跨度扁平钢箱梁三跨连续半飘浮体系悬索桥为丹麦的大贝尔特桥，其在索塔处设置了钢箱梁竖向约束装置，该种装置为液压方式，结构复杂，养护费用高。厦门海沧大桥东航道桥为避免采用该种装置，采用了全飘浮体系，即钢箱梁在索塔处不设竖向和扭转方向限位装置。

2. 自行成功开发了三跨连续全飘浮悬索桥主缆线形分析软件

在传统悬索桥技术的基础上，针对本桥桥型新颖、景观要求高的特点，对三跨连续悬索桥计算理论、计算方法进行研究和开发，并结合特定的建设条件对结构设计进行研究，以获得结构新颖独特、造型美观流畅、经济合理耐用的目标。

3. 解决了边跨短吊索的疲劳问题

边跨短吊索纵桥向摆动位移较大，采用下置锚箱结构，且下端销接，增加了短吊索长度，满足了加劲梁水平变位的需要。另外，在吊索锚口处增设连接筒，增加吊索钢丝锚固面与起弯面间的距离，减小钢丝弯折应力；成功解决了短吊索抗疲劳难题。

4. 研发了联板同步控制滚轴式散索鞍

传统的单轴摆动式散索鞍处主缆转角小于 25°，承担的竖向荷载也较小；而厦门海沧大桥主缆在散索鞍处转角达 35°，竖向荷载较大，为此，自主研发并采用了联板同步控制滚轴式散索鞍。

5. 攻克了倒坡箱形浅埋扩大基础关键技术

因锚位处硬质基岩埋深约 50m，按一般设计理念将硬质岩作为锚碇基底持力层，则需采用地下连续墙或沉井等深基础。

采用创新的浅埋倒坡箱形扩大基础并将 0.5MPa 强风化软质岩作为基底持力层，创新的箱形基础既减轻恒载又优化了基础应力的分布，比沉井方案减少基坑挖方 7 万 m^3、混凝土 3.3 万 m^3，缩短工期 7 个月，采用创新理念的基底倒坡，锚碇抗滑安全度提高了 13%，开创了全新的重力式锚碇基础形式。锚碇基础采用创新的分块浇筑并设置后浇段，成功地解决了超大型基础的温度与收缩开裂问题。

6. 形成了空腹三角形框架结构锚碇设计技术

根据结构体系和支承边跨加劲梁的需要，三跨悬索桥边跨主缆散索点需设置在较高的位置，创新性地将散索鞍支墩与锚体结构合二为一，并设计成三角形框架式锚体结构，增加了锚碇的抗倾覆能力，比传统的实腹式锚体节省混凝土约 40%，也大大减少了基底应力。采用创新的后浇段技术，成功地解决了超大刚度框架结构温度与收缩开裂问题。并对三角形框架锚体内部空间利用进行了规划设计，两个锚体分别建成为科技展馆对社会开放，有效利用了土地和空间资源。

7. 自行开发研制了锚碇预应力锚固系统

主缆锚固系统是实现主缆与锚碇连接，传递主缆拉力的重要结构，被称为主缆的生命线。海沧大桥首次研发并采用国产预应力锚固系统，并取得了国家发明专利。

8. 全面引入了桥梁景观设计理念

厦门海沧大桥是国内第一座系统地进行桥梁景观研究与设计的特大型桥梁，从总体线形、结构造型、景观色彩等多方面保证了大桥与自然环境的和谐。

五、项目获奖

项目成果获得中国公路学会 2005 年度科学技术一等奖、建国 60 周年交通勘察设计经典工程、2000 年厦门市科学技术进步一等奖、2002 年广西柳州市人民政府科学技术进步二等奖、2004 年中国科学技术发展基金会优秀预应力工程奖。■

17. 特大跨径悬索桥分体式钢箱梁成套技术研究与示范

一、第一完成单位

中交公路规划设计院有限公司

二、参加单位

1. 中铁宝桥集团有限公司
2. 四川公路桥梁建设集团有限公司
3. 江苏中矿大正表面工程技术有限公司
4. 中国铁道科学研究院

三、主要完成人

崔冰、张胜利、王辉平、杨如刚、安云岐、刘晓光、童育强、张克、孔庆凯、董萌、宋晖、贾立峰、常志军、宋颖彤、李准华、刘泽欣、吴冲、唐茂林、卫星、闫勇、张玉玲、孙国安、田越、曾志斌、陶晓燕、荣振环、崔鑫、王丽、赵欣欣、周定九、朱渝、赵体波、刘永超、潘永杰、钱叶祥、杨哲晨、余团营、孙立雄、徐亮、卢伟、龙勇、邓亨长、虞业强、黄松和、吴向东、杜海若、叶贤东、翟守才、戴冉、易春龙、洪伟、严生贵、沈思科。

四、项目简介

“特大跨径悬索桥分体式钢箱梁成套技术研究与示范”为国家科技支撑计划“跨海特大跨径钢箱梁悬索桥关键技术研究及工程示范”项目之课题四，对分体式钢箱梁的设计关键技术、制造关键技术、安装关键技术、防护材料及复合涂层体系进行了研究，并编制形成“特大跨径悬索桥分体式钢箱梁成套技术指南”。攻克了一批分体式钢箱梁的关键技术，形成了一批具有自主知识产权的科技成果，形成并完善了分体式钢箱梁成套技术。

本项目实施后制定了设计施工指南、编制成套施工工法、形成了一批具有自主知识产权的科技成果、获得了特大跨径悬索桥分体式钢箱梁成套核心技术，这些研究成果不但对西堠门大桥建设形成强有力的技术保障，还将支撑更大跨径悬索桥建设，促进相关学科发展，推动行业技术进步，为使我国跻身桥梁强国贡献重大力量。

项目于2011年顺利结题，经交通运输部等鉴定，总体达到国际先进水平。

五、技术创新

1. 首次编制了《悬索桥空间结构非线性精细化分析软件 SBSNAP1.0》；提出了面向对象的数据模型、有限元子结构，采用超级单元及静力凝聚求解技术和并行计算技术，成功地实现了超大跨径悬索桥结构的精细化分析。

2. 从公路钢桥面板疲劳设计的角度对车辆荷载数据进行调查统计分析，提出了公路钢桥面板疲劳设计车辆荷载简化模型，填补了国内公路钢桥面板疲劳荷载相关设计规范的空白。

3. 国内首次系统开展了正交异性钢桥面板焊接构造细节疲劳试验研究，通过模拟移动轮载的双点220kN1000万次反相位疲劳加载足尺模型试验和实桥静动载试验，取得了正交异性钢桥面板结构体系设计、构造细节设计、疲劳验算、疲劳裂纹分析和修补加固技术等成套科研成果。

4. 通过分体式钢箱梁制造试验研究，提出了分体式钢箱梁的制造工艺，制定了“大跨径悬索桥钢箱梁组装工法”，编制了《分体式钢箱梁制造规程》。

5. 首次开展了台风期悬索桥钢箱梁架设研究与实践，进行了抗风稳定性研究，形成台风环境下施工阶段抗风稳定研究成果，制订了台风期架梁的安全措施；研制了步履式液压缆载吊机，提升能力超过400t，采用了新型的液压自动夹缆机构与行走系统，大幅提高缆载吊机的行走能力与自动化程度，通过风洞试验验证了缆载吊机的抗风安全性及相关设计参数。

6. 国内首次将船舶动力定位技术引入悬索桥施工领域，根据西堠门大桥的海域环境并结合悬索桥结构施工特点，设计制造了适用于动力定位作业的运输船舶，创造性地以固定于主缆上的天缆系统辅助船舶定位。

7. 采用二步法工艺实现了纳米改性环氧封闭漆的工业化规模生产，首次实现了三种无机纳米氧化物材料在涂料中共混且稳定分散，对金属喷涂层具有双重封闭作用，有效解决了电弧喷涂层封孔的问题；提出的复合涂层体系具有结合力强、耐蚀性高、全寿命周期成本低的特点。

六、项目成果

课题取得了4项发明专利与实用新型专利，研发新设备、新产品各1套，形成4项工法，发表论文20篇，出版专著2部，开发软件1套，培养专业技术人才50人，编制的《正交异性钢桥面系统的设计和基本维护指南》、《特大跨径悬索桥分体式钢箱梁成套技术指南》、《钢箱梁桥防腐蚀工程施工工艺及质量验收规范》与多项施工工法有利于完善国内相关标准、规范，对类似工程具有较强的指导性和推广应用价值。

七、项目获奖

项目成果荣获2009年度中国腐蚀与防护协会科技进步一等奖，荣获2011年度中交股份科技进步一等奖。

八、推广应用

分体式钢箱梁设计制造、架设关键技术在南京四桥、泰州大桥、马鞍山大桥、嘉绍大桥等桥梁工程中得到了应用。

钢箱梁防腐关键技术在九堡大桥、荆岳大桥等桥梁工程的钢结构防腐方面得到应用。

项目部分研究成果已纳入《公路悬索桥设计细则》（报批稿）。

18. 大跨桥梁抗风设计数值化技术与控制措施

一、第一完成单位

中交公路规划设计院有限公司

二、参加单位

1. 同济大学
2. 贵州高速公路开发总公司
3. 贵州省交通规划勘察设计研究院

三、主要完成人

刘高、葛耀君、孟凡超、朱乐东、张喜刚、刘天成、杨詠昕、吴宏波、赵林、王秀伟、丁泉顺、徐国平、彭运动、曹丰产、崔冰、周平、宋锦忠、李毅、梅世龙、徐群丽、贾宁、陈健蕾、刘十一、谭潇、李渊。

四、项目简介

2006 年，本项目在交通部西部交通建设科技项目的支持下，针对桥梁抗风设计数值分析方法、桥梁抗风数值化分析软件平台、桥梁新型抗风控制措施、山区桥梁设计风参数及抗风设计指南等方面开展了系统深入的研究工作，并依托贵州坝陵河大桥、青岛海湾大桥、港珠澳大桥、贵州猴子河特大桥、南京长江四桥、巴拿马运河大桥、灌河大桥、龙门大桥和琼州海峡跨海工程工可研究等国家重点桥梁工程建设项目进行技术攻关和工程验证，项目成果为以后大跨桥梁的抗风设计提供了重要分析方法和关键控制技术。

项目于 2011 年结题，经交通运输部鉴定，项目创新成果总体达到国际领先水平。

五、技术创新

1. 建立了基于微观分子运动论的桥梁结构数值风洞模拟方法、大跨桥梁三维多模态颤振分析的能量方法、桥梁抖振内力响应频域分析高效随机振动方法、考虑斜风效应的大跨桥梁三维抖振与非线性风致静力响应分析方法，拓展了大跨桥梁抗风设计数值分析理论。

2. 研发了桥梁数值风洞模拟软件 BridgeFluent、桥梁颤振分析软件 BridgeFLUT、抗风性能评价软件 NewRP 和三维随机抖振响应分析软件 SkewWind，建立了桥梁结构气动参数数据库，构建了我国桥梁抗风数值化分析平台，经过多座大跨桥梁风洞试验验证，具有良好的吻合性，并取得了 4 项国家软件著作权。

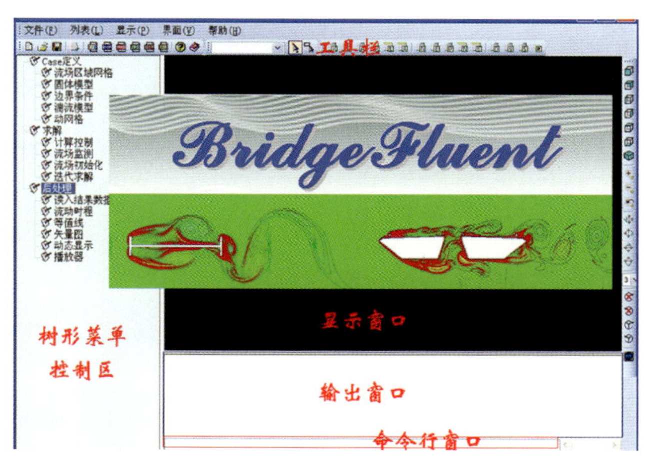

图 1　桥梁结构数值风洞模拟软件

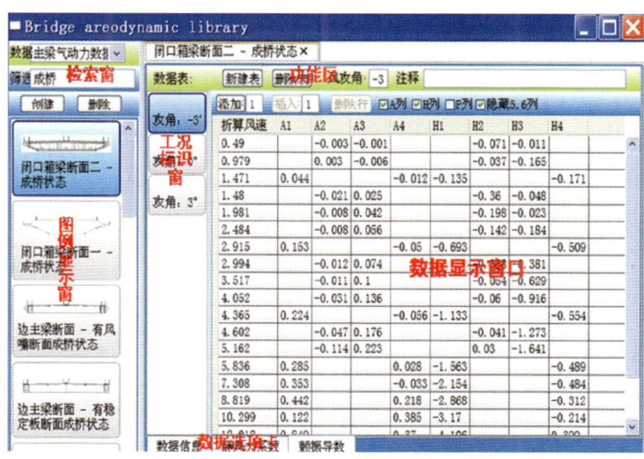

图 2　主梁气动参数数据子库

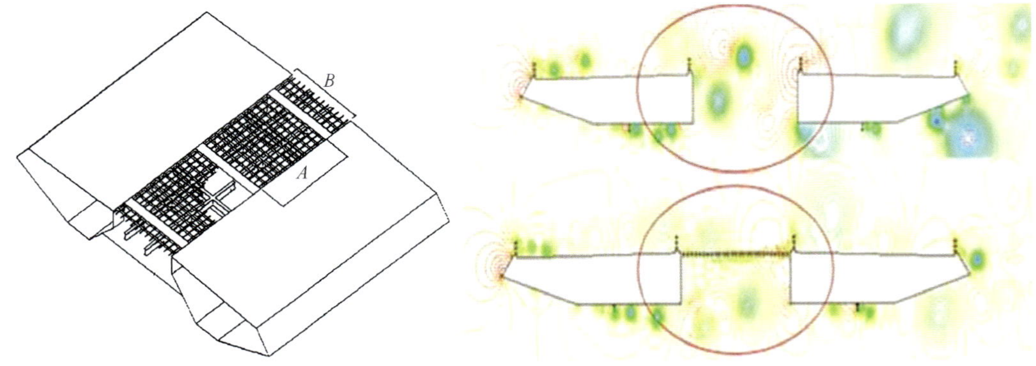

图 3 分体式钢箱梁中央开槽格栅结构涡振控制措施

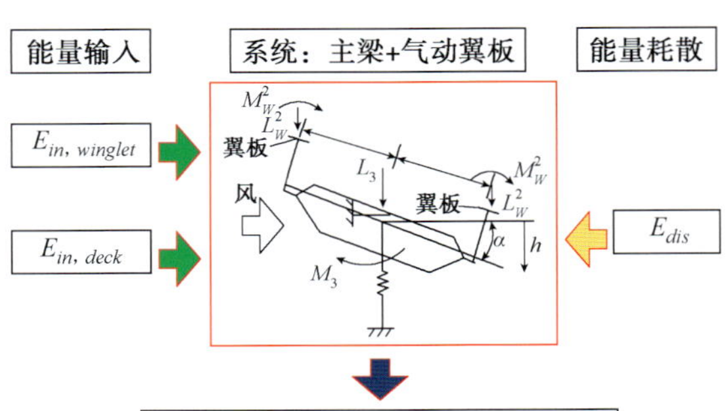

- 稳定状态：$E_{in}<E_{dis}$系统耗散能量
- 临界状态：$E_{in}=E_{dis}$结构能量平衡
- 失稳状态：$E_{in}>E_{dis}$系统吸收能量

图 4 考虑气动翼板的主梁振动系统能量分析法

3. 揭示了水平气动翼板控制桥梁颤振的能量耗散机理，提出了水平气动翼板沿桥跨布置的合理模式；研发了钢桁梁桥面板中央开槽和水平气动翼板组合、分体式钢箱梁中央格栅结构及流线型钢—混凝土叠合箱梁等新型气动控制措施，有效改善了桥梁的抗风性能，并取得了 4 项国家发明专利和 4 项国家实用新型专利。

4. 基于极大似然估计和概率曲线相关系数理论，建立的极值风速逐步迭代估计法具有精度高、能适应小样本的优点；建立了基于地形地貌特征信息的山区桥梁设计风参数取值方法和模型，提出了钢桁梁等典型桥梁断面的风荷载阻力系数和颤振临界风速经验系数，编制了山区桥梁抗风设计指南。

六、项目成果

项目获国家专利 8 项（发明专利 4 项），软件著作权 4 项，出版专著 1 部，发表学术论文 85 篇（SCI 收录 5 篇，EI 收录 32 篇）。项目自主创新成果在国内外多座大桥中得到推广应用，部分成果纳入公路工程行业标准，对推动大跨桥梁抗风设计技术的发展及保障大桥安全具有重要的理论意义和应用价值，取得了显著的经济和社会效益。

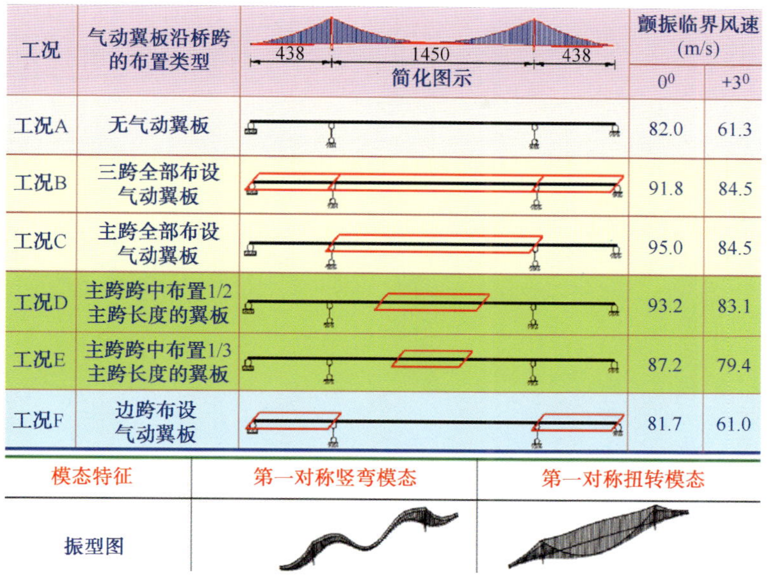

工况	气动翼板沿桥跨的布置类型	简化图示（438 / 1450 / 438）	颤振临界风速(m/s) 0^0	颤振临界风速(m/s) $+3^0$
工况A	无气动翼板		82.0	61.3
工况B	三跨全部布设气动翼板		91.8	84.5
工况C	主跨全部布设气动翼板		95.0	84.5
工况D	主跨跨中布置1/2主跨长度的翼板		93.2	83.1
工况E	主跨跨中布置1/3主跨长度的翼板		87.2	79.4
工况F	边跨布设气动翼板		81.7	61.0

模态特征	第一对称竖弯模态	第一对称扭转模态
振型图		

图5 气动翼板沿桥跨的合理布置模式

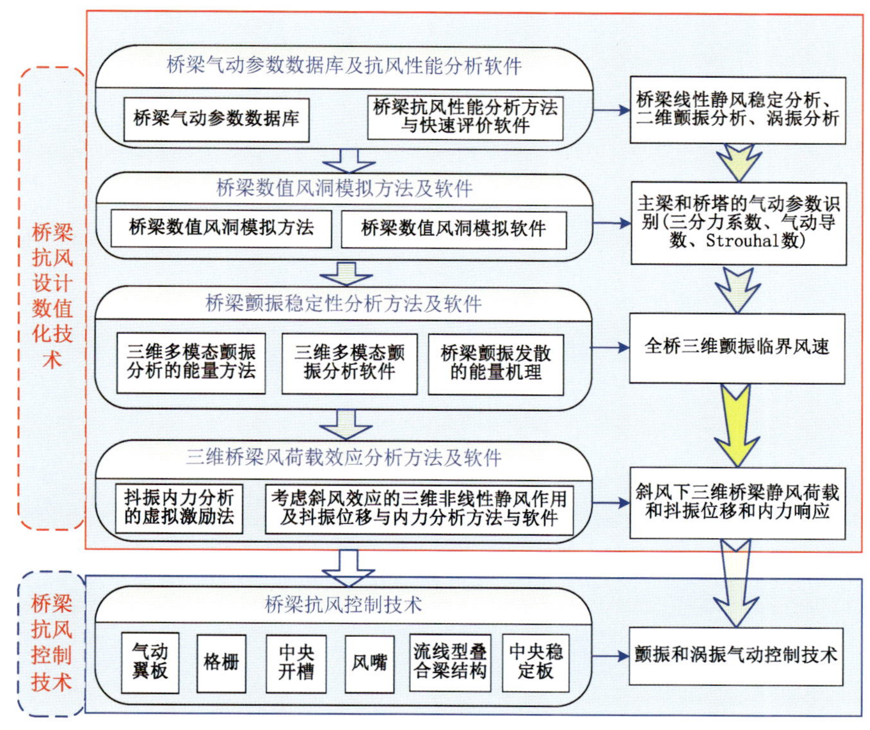

图6 大跨桥梁抗风设计数值化及控制技术方案图

七、项目获奖

项目成果荣获中国公路学会科学技术一等奖、中交股份科技进步一等奖。

八、推广应用

项目创新成果已先后在贵州坝陵河大桥、青岛海湾大桥、港珠澳大桥、贵州猴子河特大桥、南京长江四桥、巴拿马运河大桥、灌河大桥、龙门大桥和琼州海峡跨海工程工可研究等国家重点桥梁工程中得到成功应用。■

19. 大跨径预应力混凝土三塔斜拉桥关键技术研究

一、第一完成单位

山东省交通厅公路局

二、参加单位

1. 东南大学
2. 滨州市公路管理局
3. 哈尔滨工业大学
4. 山东大学
5. 交通部公路科学研究所
6. 山东省路桥集团有限公司
7. 中交公路规划设计院有限公司
8. 山东省交通工程监理咨询总公司
9. 山东省公路工程总公司
10. 山东省交通科研所

三、主要完成人

杨永顺、张西斌、高雪池、孙献国、黄晓明、李惠、叶见曙、安长军、石名磊、王化冰、宋修广、钟原、吴明远。

四、项目简介

本课题由山东省交通厅于 2002 年 2 月批准立项。

课题主要开展了大桥桩基静荷载试验、长钻孔灌注桩的应用技术研究、拉索锚固区节段足尺模型试验、主梁边箱试验、高性能混凝土的制备与性能、斜拉桥建设施工与控制技术、桥面铺装层设计与施工技术、健康监测技术、斜拉索振动磁流变阻尼智能控制系统应用技术、桥头高填土复合地基加固技术等 10 个关键项目的研究。我院主要负责总体方面以及对各科研课题的配合工作。

五、技术创新

1. 课题针对桥梁工程中桩端位于细粒土沉积物中的非嵌岩桩，尤其是大型桥梁基础工程中的深长钻孔灌注桩（$L>40\text{m}$，$R_s>30$）和超长桩（$L>60\text{m}$，$R_s>50$）的工作机理、单桩承载力计算和单桩、群桩和桩基础沉降等基本特性进行了系统研究，提出了多个计算方法和公式，对今后深长桩基础的设计、施工及监理具有指导意义。

2. 利用有限元分析软件，采用六面体单元进行索塔锚固区三维有限元分析，并进行了足尺模型试验，进一步验证了理论计算模型正确性和计算分析方法的可靠性；研究开发了 MDAC 数据采集系统用于足尺模型试验，进行瞬间、同步应变采集。

3. 在国内外首次进行了具有双边箱混凝土主梁节段的足尺模型试验并且与空间有限元的仿真分析相结合，获得了双边箱混凝土梁在施工阶段和使用阶段结构性能的研究成果。

4. 以高工作性、高强度和高耐久性为目标，提出了以工作性确定配合比参数范围，以强度确定配合比，以耐久性检验配合比的高性能混凝土配合比设计方法，并成功地配制出了滨州黄河大桥所用高性能混凝土。

5. 大桥桥面铺装课题重点研究了水泥混凝土桥面上的沥青混凝土铺装层的结构组合形式，通过性能比较，给出最佳结构组合形式，同时考虑了水泥混凝土板与沥青混凝土层间防水黏结层材料的选取。试验研究了纤维增强沥青混凝土的各项力学性能、首次综合比较了专用黏结剂与 SBS 改性沥青及环氧沥青作为桥面防水黏结材料的各项性能、提出了复合梁疲劳试验的模型，为桥面铺装的设计与施工提供了理论依据和实践基础。

6. 设计并研发了索塔液压自升爬模系统及应用技术，已申请国家专利。

7. 开发并应用了脚手架稳定性验算系统。

8. 通过施工过程中的精确控制，最终合龙高差在 3mm 以内、轴线偏位在 5mm 以内、索力误差在 10% 以内。

9. 开展了大跨径桥梁实时健康监测技术研究。

10. 在国内外首次采用半主动磁流变液智能控制对斜拉索进行振动控制。

11. 通过系统的桥头高填土地基加固现场实验研究，揭示了联合加固后，加固区和下卧层附加应力场的分布规律和沉降变形规律、土工格栅的界面应力分布规律；研究了格栅层数、埋设位置、层间厚度对加固效果的影响；采用大三轴试验对加筋土体本构关系进行了研究，提出了加筋体等效围压理论改进思路，为复合地基理论奠定了基础。

六、项目获奖

项目荣获国家科技进步二等奖 1 项，国家优质工程银质奖 1 项，山东省科学技术进步一等奖 1 项，山东省建筑工程质量奖“泰山杯”1 项。

七、推广应用

对国内外大跨径预应力混凝土斜拉桥的设计、施工及运营管理具有重要的理论意义和实用价值；为我国桥梁设计、施工、健康监测规范、规程的制订、修订提供依据。■

20. 钢桥设计施工成套技术研究

一、第一完成单位

交通部公路科学研究院

二、参加单位

1. 中交公路规划设计院有限公司
2. 北京交通大学
3. 同济大学
4. 西南交通大学
5. 重庆市公路局

三、主要完成人

张子华、吴冲、雷俊卿、强士中、王春生、王仁贵、周可夫、杜骁、乔墩、吴定俊、任福民、李乔、李亚东、王庆珍、陈惟珍、任伟平、卢文良、王茜、林道锦、赵尚传。

四、项目简介

2004年7月，交通部公路科学研究院联合中交公路规划设计院有限公司、北京交通大学、同济大学、西南交通大学、重庆市公路局，正式启动了《钢桥设计施工成套技术研究》项目。

课题通过总结国内外钢桥设计施工技术的既有经验，结合我国的公路桥荷载特点和钢桥的设计、制造工艺、施工安装技术水平，对我国公路钢桥的设计原则、理念、方法、制作工艺、安装技术、防腐设计及质量控制等进行系统的研究，为公路钢桥设计、施工、养护、检测等方面规范、规程制定开展基础性的研究工作，编制《公路钢桥设计指南》《公路钢桥制造与施工技术指南》《公路钢桥检测技术与工程质量检验评定技术指南》和《公路钢桥长效防腐涂装技术标准和实施指南》，推进公路钢桥设计、施工、养护和检测技术的发展。

项目于2010年顺利结题，经交通运输部等鉴定，总体达到国际领先水平。

五、技术创新

本项目开展了广泛的调研、国内外相关规范的对比分析、系统的理论和试验研究工作，在公路钢结构桥梁的设计、施工、检测、防腐涂装等方面取得了成套技术研究的创新性成果：

1. 开展了公路钢桥概率极限状态设计方法研究，提出了相关设计参数和可靠指标的建议值。

2. 采用嵌入板壳子结构的整体杆系有限元模型，提出了考虑钢箱梁轴力、弯矩、剪力共同作用的桥梁结构箱梁整体与局部稳定分析的方法。

3. 进行了大比例U肋加劲桥面板、外腹板、横隔板的极限承载力试验研究，提出了大跨斜拉

桥扁平钢箱梁横隔板吊机荷载分配率的计算方法。

4. 采用弹性稳定理论和压溃试验成果，提出了基于欧拉应力计算稳定系数的简化计算方法。

5. 分析了国内外钢桥疲劳破坏的事例，提出了钢桥抗疲劳设计相关建议。

6. 进行了矩形截面及带切角矩形截面钢桥塔模型试验研究，提出了钢桥塔壁板局部失稳破坏状态分析方法。

7. 进行了钢箱梁、钢桁梁造和施工技术研究，提出了提高制造工艺水平的建议；开展了钢斜拉桥、悬索桥施工技术研究，提出了大跨钢桥施工监控的关键技术。

8. 开展了无损检测对公路钢桥构件损伤检测的适用性研究，建立了公路钢桥质量检测评价体系。

六、项目成果

本项目最终完成了涉及公路钢桥设计、施工、检测、防腐4个专题，共计18本研究子报告，编制了《公路钢桥设计指南》《公路钢桥塔设计指南》《公路钢桥制造与施工技术指南》《钢桥塔施工及防护指南》《公路钢桥检测技术与评定指南》及《公路钢桥防腐涂装技术指南》共计6本指南。为我国公路钢桥设计、施工、检测养护及防腐规范的制定奠定了基础。

七、项目获奖

荣获2010年度中国公路学会科学技术二等奖。

八、推广应用

研究成果在杭州湾大桥、苏通大桥、南京三桥等工程的钢结构设计中得到应用。

杭州湾大桥

苏通大桥

21. 黄土地区大跨度桥梁地下连续墙和箱型基础的应用研究

一、第一完成单位

中交公路规划设计院有限公司

二、参加单位

1. 山西省公路局
2. 西南交通大学
3. 东南大学

三、主要完成人

孟凡超、陈晓东、王宇鹏、张兴顺、程谦恭、龚维明、薛官玉、刘明虎、江剑虹、李永东、王秀伟、陈虎成、柴建峰、谢立家、朱仙香。

四、项目简介

本项目是由中交公路规划设计院有限公司主持，山西省公路局、西南交通大学、东南大学等单位共同参与的交通部西部交通建设科技项目。

闭合型地下连续墙作为同时承受竖向和水平荷载的桥梁基础，在我国国内公路领域尚无工程

应用，仅在横向支护的特大型悬索桥的锚碇开挖施工中，用做临时或永久的支护结构。

本项目提出了采用闭合型地下连续墙作为同时承受竖向荷载与水平荷载的大跨径桥梁基础，以山西黄土高原209国道上一座桥梁的典型地下连续墙基础作为依托工程，以现场原型试验和桥梁基础实体监测为依据，以室内物理模型试验和数值模拟计算为手段，对地下连续墙和箱型基础应用的关键技术进行了研究，从而为工程设计、施工提供科学依据。

项目于2009年顺利结题，经交通运输部鉴定，总体达到国内领先水平。

五、技术创新

本项目在国内外首次开展了矩形闭合型地连墙基础的室内模型试验，并取得了创新成果：

1. 首次将地下连续墙基础成功应用在黄土地区大跨径桥梁中，作为承受水平力和竖向力的基础结构。

2. 首次对矩形闭合型地下连续墙基础承台土反力以及内侧摩阻力的分布和发挥进行了研究，并得出承台分担荷载的结论。

3. 首次研究了墙间距（即内侧边长）对矩形闭合型地下连续墙基础与土相互作用及群墙效应的影响，且提出在保持墙厚和墙高不变的情况下，适当增大闭合型墙基础的内侧边长，可以有效地提高群墙效率和承载性能，从而获得更好的经济效益。

4. 首次用室内模型试验研究由黄土浸水沉降引起的闭合型地连墙基础负摩阻力的问题。本次负摩阻力模型试验，对闭合型地连墙基础负摩阻力作用机理以及墙外侧正、负摩阻力与内侧摩阻力发挥与协调过程，进行了系统的研究，对黄土地区的地连墙基础工程有着重要的参考价值和指导意义。

六、项目成果

项目发表论文多篇，专著1部，依托工程相对原桩基础设计方案建安费节省30%，为地连墙结构在桥梁中的应用积累了宝贵经验，具有广阔的应用前景。

七、项目获奖

项目成果荣获中国公路学会科学技术二等奖。■

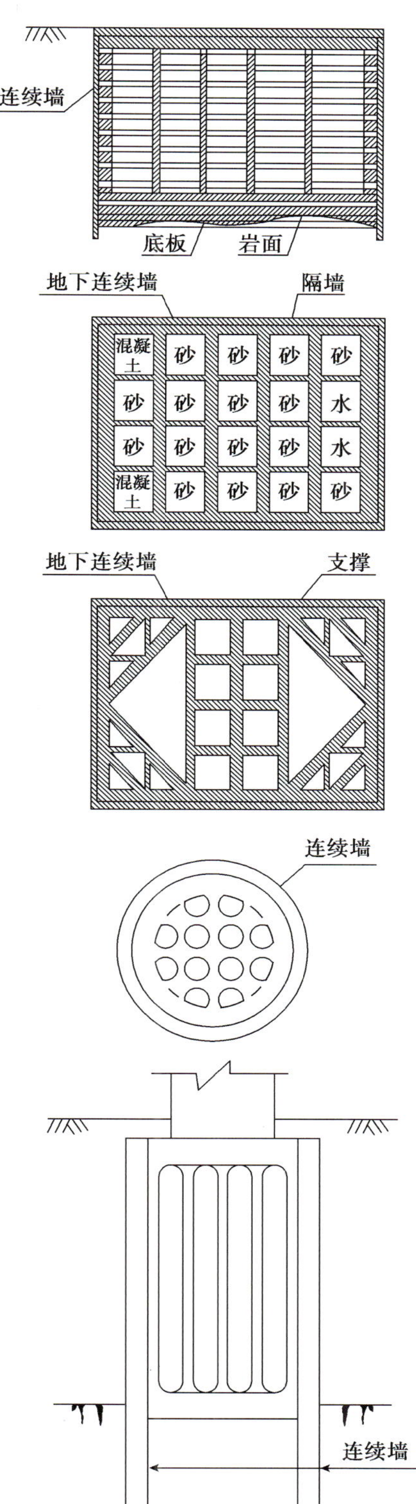

22. 桥跨62.5m预应力混凝土箱梁移动模架设计、制造与施工等关键技术研究

一、第一完成单位

广州市珠江黄埔大桥建设有限公司

二、参加单位

1. 浙江大学
2. 北戴河通联路桥机械有限公司
3. 山东博瑞路桥技术有限公司
4. 中交公路规划设计院有限公司
5. 中铁大桥局股份有限公司
6. 路桥华南工程有限公司
7. 武汉理工大学

三、主要完成人

黄成造、项贻强、张少锦、汪劲丰、张乐亲、王小山、陈红、尹本文、钟鸣、赵阳、凌晓 、吴明远、谢军、李德钦、景强、冯云成、丁庆军、程晔、李永军、袁翔。

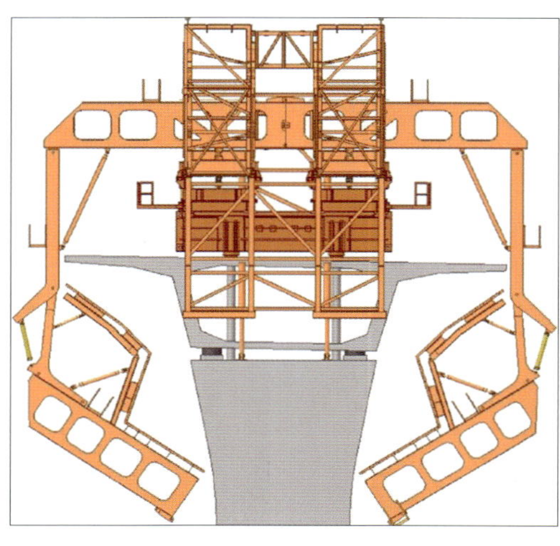

四、项目简介

该项目以广州珠江黄埔大桥工程为依托，对桥跨 62.5m 预应力混凝土箱梁移动模架设计、制造与施工等关键技术开展了全面系统的研究，其研究成果对黄埔大桥成功建成提供了有力的技术支撑。该研究成果实现了移动模架适用范围的重大突破，具有很强的理论指导意义和工程推广应用价值，成果水平处于当时国际领先水平。

五、技术创新

成功研制了标准跨径为 62.5m、最大浇筑长度为 75m、承载能力为 2650t 的世界最大跨度的移动模架，形成了成套大型移动模架设计、制造、施工及质量控制的体系。

六、项目成果

项目获得发明专利及实用新型专利 14 项，软件著作权 1 项，取得省部级工法 2 项，出版技术专著 5 部。

七、项目获奖

荣获中国公路勘察设计协会科学技术奖一等奖 1 项，中国公路学会科学技术奖二等奖 1 项，公路交通优秀设计二等奖 1 项，广东省科学技术奖励二等奖 1 项，以及“中国交通建设品牌工程”称号。

八、推广应用

该研究成果可广泛应用大跨度移动模架的设计、制造、现场安装、施工操作及运营维护等各个相关环节，实现了对移动模架成套技术的成功开发。其研究成果不仅在广州珠江黄埔大桥的建设中得到直接应用，取到了巨大成功，也为后续类似工程的建设提供了技术参考，为相关行业标准的制定奠定了良好基础。■

23. 大跨径连续刚构桥箱梁抗剪与抗裂性能研究

一、第一完成单位

江苏省苏通大桥建设指挥部

二、参加单位

1. 同济大学
2. 中交公路规划设计院有限公司

三、主要完成人

张喜刚、李国平、管义军、孔海霞、徐栋、周建华、袁洪、顾雨辉、沈殷、章巍、刘超、李方元、阮欣、赵勇。

四、项目简介

项目以苏通长江大桥的辅航道桥主跨268m三跨预应力混凝土连续刚构箱梁桥为依托，针对国内该类桥梁箱梁普遍存在的开裂问题，采用数值模拟分析、模型试验等方法，对箱梁进行了抗剪承载力及其影响因素、抗剪设计方法、整体和局部受力状态，以及抗裂性能等方面研究。在非线性有限元数值模拟分析、模型试验及分析常规设计方法存在问题的基础上，提出箱梁抗剪设计方法；在箱梁零号块、竖向和纵向预应力筋锚下空间应力分布规律研究的基础上，提出箱梁关键

部位的设计建议；在对箱梁施工过程、力学性能和各种作用完整模拟的空间效应综合分析的基础上，指出常规抗裂设计方法的不足并提出了改进建议。项目研究成果不仅直接为依托工程桥梁设计所采用，也在国内其他类似桥梁设计中得到应用和参考；完整的系列研究成果，为我国桥梁设计规范相关内容完善和进一步研究提供有价值的基础资料，为逐步克服箱梁桥的病害作出贡献。

项目于 2007 年结题，经中国公路学会鉴定，达国内领先水平。

五、技术创新

项目将国内近年来，该类桥梁使用期的通病（抗裂性差）和设计中的技术难题（抗剪设计方法缺乏）作为主要研究内容，通过独特的技术思路和有效的研究手段克服了诸多困难，获得如下创新：

1. 箱梁抗剪性能研究方面

(1) 首次采用大型非线性有限元分析方法，克服了结构构造、受力状态、材料性能等方面建模的困难和非线性计算发散的难题，综合分析了箱梁抗剪性能及其影响因素，弥补了国内相关研究的不足。

(2) 采用理论分析与试验验证相结合的手段，集中揭示了箱梁剪切受力的主要特点与机理，提出了一种适合预应力混凝土箱梁的抗剪设计方法，也为进一步解决箱梁抗剪设计问题提供了基础研究成果。

2. 箱梁空间受力及抗裂性能研究方面

(1) 采用箱形桥梁专用分析软件和大型线性有限元分析方法，充分认识了箱梁空间受力特性和关键部位的空间应力分布规律，为箱梁简化设计参数选取和构造设计提供了参考依据。

(2) 采用施工过程、力学性能、受力状态空间全模拟的有限元分析方法，详细分析了箱梁永久作用和不利作用组合下的受力性能，揭示了各种因素对箱梁抗裂性能的影响及常规设计计算方法存在的问题。

六、项目成果

本项目主要成果包括：考虑箱梁薄壁空间效应，分析大跨连续刚构桥箱梁截面的剪应力分布；采用混凝土非线性理论分析箱梁剪切破坏形态、抗剪承载力及抗剪性能影响因素；考虑混凝土收缩、徐变、温度变化、预应力及荷载等空间作用效应分析箱梁抗裂性；采用理论分析提出箱梁抗剪配筋设计方法。

项目自主创新成果在国内外多座大桥中得到推广应用，部分成果已纳入行业指南，具有显著的社会、经济效益。

七、项目获奖

项目成果荣获中国公路学会科学技术奖二等奖。

八、推广应用

1. 配合苏通长江大桥辅桥设计所进行的箱梁抗剪性能、空间局部受力性能及空间整体抗裂性能的计算机数值模拟分析，为该桥箱梁设计提供了有效的技术支持；提出的抗剪配筋、预应力锚固区局部配筋及箱梁抗裂等设计建议为设计所采用。面对国内类似桥梁出现的技术难题，项目的系列研究成果对完善设计起到了关键的支撑作用，保障了设计工作的顺利进行。

2. 项目鉴定后，有关研究成果已在江苏省交通规划设计院有限公司、四川省公路规划勘察设计院、同济大学建筑设计研究院桥梁工程设计分院及辽宁省交通勘测设计院的部分类似桥梁设计中得到应用或被参考。同时，本项目对今后类似桥梁有关问题进一步深入研究也有参考价值。

3. 对相关规范的完善也提供了基础资料，项目部分研究成果已纳入《大跨径预应力混凝土梁桥设计施工技术指南》。■

24. 大跨度桥梁运营期结构安全监测系统数据采集及结构安全评估关键技术研究

一、第一完成单位

中交公路规划设计院有限公司

二、参加单位

北京易控微网科技有限公司

三、 主要完成人

徐国平、冯良平、李娜、梁柱、张新越、刘芳亮、刘志强、冷俊、孙小飞、马骎。

四、项目简介

本项目为2008年立项的中国交通建设股份有限公司科技研发项目。本项目将最新的传感测试技术、计算机技术、网络通信技术成功地应用于大跨径桥梁工程，通过实时在线的数据采集、传输、分析评估等技术手段监控大桥的运营安全，是“物联网”技术在交通行业的典型应用。

项目对大跨径桥梁运营期安全监测领域的数据采集及结构安全评估两个关键部分的核心技术进行了深入研究。基于国际前沿网络化测控精确时钟同步技术和以太网馈电技术，开创性地成功

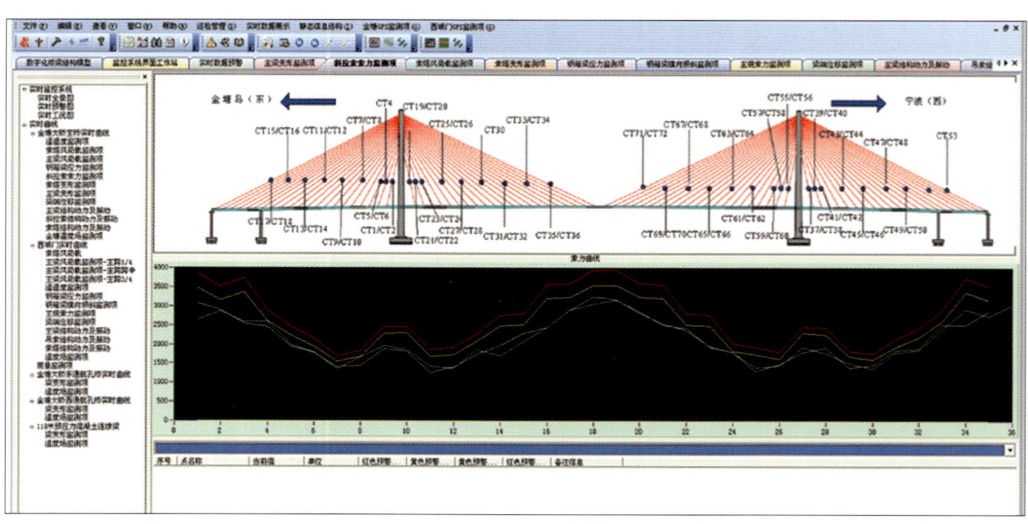

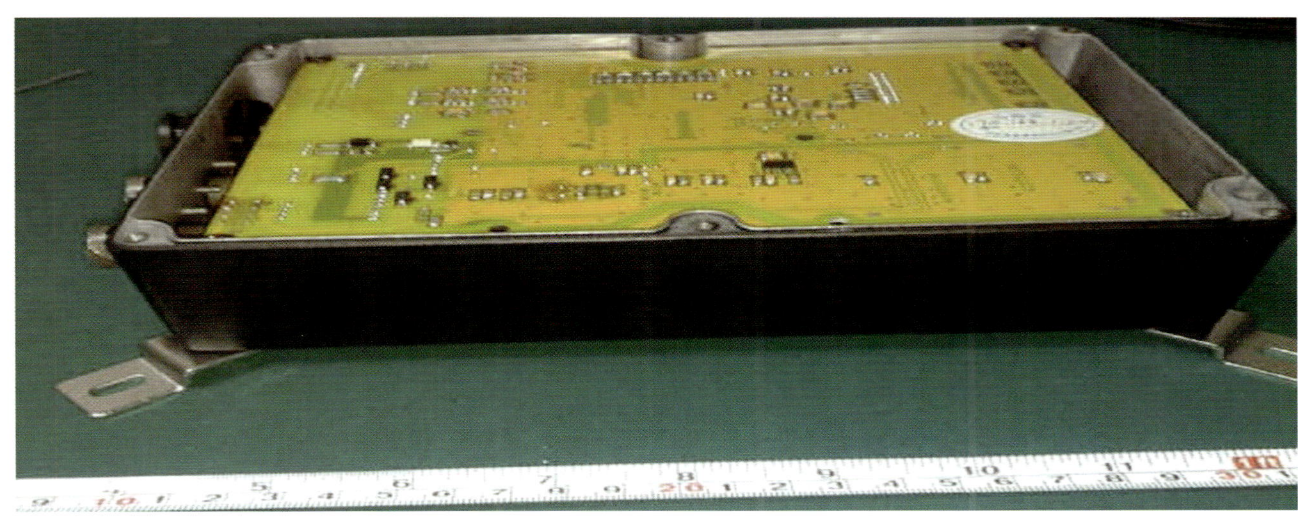

研发了桥梁智能信号调理器产品，用于监测数据的采集，解决了信号采集传输中的数据同步性、以太网网络馈电、信号干扰等监测技术行业难题。研究构建了悬索桥、斜拉桥结构安全评估理论体系，研发了一套结构安全评估软件，包括在线实时预警、内力状态识别、动力特性识别、承载力评估、钢箱梁疲劳分析等评估分析模块，从而能够有效的掌控运营期大桥的安全使用状态，辅助大桥管养者制定高效、合理的运营管养措施。

研究课题成功解决了大跨径悬索桥、斜拉桥运营期结构监测养护领域中，诸多亟待解决的瓶颈问题，填补国内空白，具有重大突破和实质性创新，形成了成套核心技术，体现了当代大跨径桥梁信息化、数字化监管最高技术成果。

项目于2010年顺利结题，经专家评审，总体达到国际先进水平。

五、技术创新

1. 首次提出了专门针对大跨径桥梁运营期，结构安全监测系统的基于工业以太网技术的分布式数据采集与传输系统总体架构和设计方案。

2. 基于国际前沿网络化测控精确时钟同步技术和以太网馈电技术，开创性地成功研发了桥梁智能信号调理器关键设备，成功应用于大跨径桥梁的运营期监测系统。

3. 攻克了恶劣海洋环境下，实现以太网时钟同步微秒级精度（10^{-6}s）和系统高信噪比的技术难题，实现了以太网通信和馈电于一体的集成方案。

4. 首次构建了基于监测数据的大跨径悬索桥、斜拉桥结构监测预警评估体系，研发了一套结构安全评估软件，包括实时在线预警、内力状态识别、模态识别、钢箱梁疲劳分析、风场分析等评估分析模块。

六、项目成果

研发了具有自主知识产权的桥梁监测数据采集，用以太网智能调理器系列产品，包括加速度信号调理器、应变信号调理器、通用工业信号调理器、温度信号调理器。获国家专利1项。发表学术论文8篇。研发了基于监测数据的桥梁安全评估软件1套。

七、项目获奖

荣获2011年度中交股份科学技术进步二等奖。

八、推广应用

课题研究形成的成套技术，已经在舟山大陆连岛工程西堠门大桥、金塘大桥、曹妃甸1号桥、宁波五路四桥中应用，并陆续将在港珠澳大桥，嘉绍大桥、厦漳大桥等多座我国在建的大型沿海或跨海、跨江大跨径悬索桥、斜拉桥运营期安全监测系统实施中得到广泛应用。■

25．大跨径预应力混凝土梁桥长期变形精细化分析及下挠处治方案研究

一、第一完成单位

中交公路规划设计院有限公司

二、参加单位

1．北京交通大学
2．重庆交通大学
3．中交第一公路勘察设计研究院有限公司

三、主要完成人

张喜刚、许航、雷俊卿、向中富、刘士林、彭小明、秦建军、宋宁、黄海东、李隆、邹立群 、李飞。

四、项目简介

2006年，中国交通建设股份有限公司批准了“大跨径预应力混凝土梁桥长期变形精细化分析及下挠处治方案研究”的项目。项目深入了解大跨径预应力混凝土梁桥长期变形的规律和特点，通过详细地理论和试验分析，主要针对如何准确计算出结构的长期下挠量、减小下挠的切实可行措施，以及已发生下挠桥梁的处治方法进行了详细研究，力争从设计方案、结构受力提出减小下挠的有效措施；突破该类桥型的技术瓶颈，提高我国特大跨径混凝土桥梁设计和建造技术的创新能力，指导大跨径预应力混凝土桥梁设计和施工，打造该类桥型建设核心技术群，整体提升我国大跨径混凝土桥梁建设技术方面的研发实力。

项目于2010年顺利结题，经中国交通建设股份有限公司等鉴定，总体达到国际先进水平，其中温度对徐变系数影响和截面不均匀收缩对长期变形效应的研究成果达到了国际领先水平。

五、技术创新

1．首次考虑了温度作为外荷载和改变混凝土徐变特性，对混凝土结构长期变形的影响，建立了相关计算模型。

2．分析研究了箱梁不均匀收缩对混凝土结构长期变形的影响，发现箱梁截面不均匀收缩对结构长期变形的影响显著，首次提出了相应的计算模型，该计算模型能显著提高目前对混凝土结构长期变形的计算精度。如图1所示。

3．基于第二能量原理提出的减小长期下挠的“目标弯矩法”，方法合理，理论依据充分，能

够有效控制混凝土结构长期下挠。

4. 提出了大跨径预应力梁桥应通过短期试验，利用现有模型进行回归分析，确定混凝土收缩应变和徐变系数的新思路。如图 2 所示。

5. 分析比较了混凝土黏弹性行为的数学模型，提出了利用狄利克雷级数的逐步逼近来模拟徐变函数，并基于 Dirichlet 级数选用分步叠加法开发有限元计算子程序。

6. 汲取欧美等各国在该领域的研究成果，根据现有处治办法的实际应用效果，对其可靠性和实用性进行了评估，对现有处治方法进行了改进和完善。本研究全面归纳了最先进的已发生下挠桥梁的处治措施，提出了既有桥梁下挠的加固处治方案，并给出了两座实桥工程的加固处治实例。

六、项目成果

项目完成设计施工指南 1 部，核心刊物论文 13 篇，其中 ISTP 检索 3 篇，完成博士论文 1 篇，硕士论文 3 篇，项目自主创新成果在国内外多座大桥中得到推广应用，具有显著的社会与经济效益。

七、项目获奖

项目成果荣获中交股份科技进步二等奖。

八、推广应用

1. 大跨径混凝土桥梁长期变形和开裂控制技术先后在塞尔维亚贝尔格莱德市的泽蒙—博萨大桥（2010 ～至今）、重庆江津长江大桥等大桥中得到成功应用；

2. 项目部分研究成果已纳入《大跨径预应力混凝土梁桥设计施工技术指南》。■

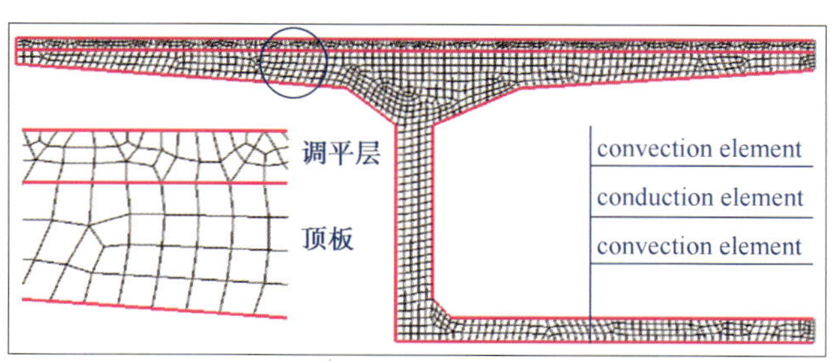

图 1 箱梁截面非均匀收缩有限元模型

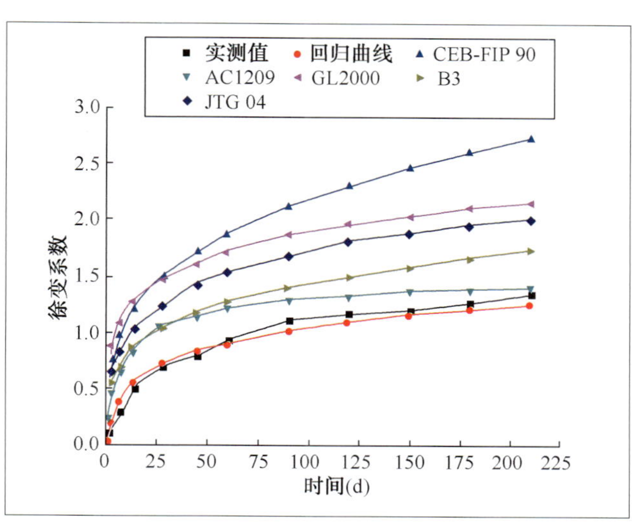

a）东部地区回归结果及对比图

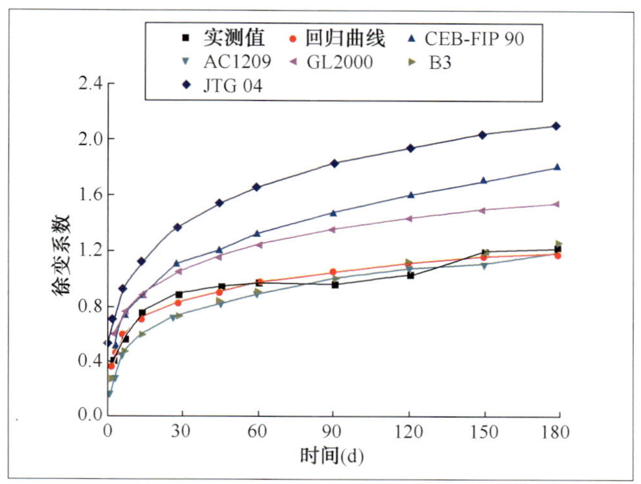

b）中部地区回归结果及对比

图 2 徐变系数回归分析

26. 跨海特大跨径钢箱梁悬索桥结构特性及技术标准研究

一、第一完成单位

中交公路规划设计院有限公司

二、参加单位

1. 浙江省舟山连岛工程建设指挥部
2. 中国铁道科学研究院
3. 浙江省工程勘察院
4. 西南交通大学
5. 东南大学

三、主要完成人

宋晖、许宏亮、王武刚、刘晓光、戴国亮、蒋建良、胡卸文、张克、徐军、唐茂林、张玉玲、潘永坚、龚维明、刘波、王晓冬、常志军、曾宇、田越、陶晓燕、赵欣欣、荣振环、王丽、崔鑫、陈向阳、孙灏、吴泽生、吴炳华、梁龙、任建新、王万梓、吕小平、张耀、童亮、朱海勇、薛国亚、黎冰、王红伟、陈隆、孟丽君、龚成中。

四、项目简介

2007 年底，以“十一五”国家重点工程——西堠门大桥建设为依托，西堠门大桥设计、科研、施工、管理等单位共同承担国家科技支撑计划“跨海特大跨径钢箱梁悬索桥关键技术研究及工程示范”项目。“跨海特大跨径钢箱梁悬索桥结构特性及技术标准研究”为子课题之一。

西堠门大桥主跨 1650m，为世界跨径最大的钢箱梁悬索桥。以往的设计计算方法、结构特性分析方法等的适用性需深入研究，并且当时缺乏适合于特大跨径悬索桥的设计指南和技术标准。因此，有必要从技术标准、设计理论和方法、分析手段、关键结构特性等方面开展系统研究，为我国特大跨径悬索桥建设提供有力的技术支持，并促进相关学科发展，推动行业技术进步。

课题于 2010 年顺利结题，经交通运输部等鉴定，总体达到国际先进水平。

五、技术创新

1. 首次进行了钢箱梁吊装、体系转换和桥面铺装三个阶段主缆弯曲应力现场试验及钢丝间等效极限剪应力的室内测试，并开展了主缆二次应力理论分析，提出了悬索桥主缆应力安全系数新推荐值。

2. 首次研究了超长嵌岩桩的承载特性，提出了嵌岩段桩侧阻力、桩端阻力以及上覆土层摩阻力的发挥系数。

3. 提出了不同地貌单元适用的海域钻场类型，以及海域岛礁大跨度高塔柱桥梁地基勘察方法的综合配置原则及工作量布设；建立了海域地貌测图和海域岛礁岩石风化程度分级的标准。

4. 首次提出了岩体结构量化的“岩体块度指标 RBI”指标，系统建立了海域岛礁岩体质量分级体系及其配套的力学参数取值。

5. 首次编制的《特大跨径钢箱梁悬索桥设计指南》、《大直径深长嵌岩桩设计指南》、《海域岛礁桥梁地基综合勘察技术指南》、《海域岛礁岩体质量分类体系指南》等成果，充实了现有的国内相关规范，对类似工程具有较强的指导性和推广应用价值。

六、项目成果

项目完成设计施工指南 1 部，核心刊物论文 13 篇，其中 ISTP 检索 3 篇，培养博士 1 名，硕士 3 名，项目自主创新成果在国内外多座大桥中得到推广应月，具有显著的社会与经济效益。

七、项目获奖

项目荣获 3 项中国公路学会科学技术一等奖、1 项浙江省科学技术一等奖、国际桥梁大会授予的“Gustav Lindenthal Medal”等多项奖励；课题荣获 2011 年度中交股份科技进步二等奖。

八、推广应用

1. 项目研究成果先后在南京长江第四桥大桥、矮寨大桥、泰州长江公路大桥、马鞍山长江公路大桥、重庆乌江特大桥等大桥中得到成功应用。

2. 课题研究成果《特大跨径钢箱梁悬索桥设计指南》（DB33/T 856—2012）作为浙江省地方标准已经颁布实施，交通运输部公路行业标准制修订项目《公路悬索桥设计细则》（报批稿）借鉴了本标准的相关内容。■

湖北鄂东长江公路大桥混合梁结合部模型试验

开孔板连接件力学性能模型试验

27. 西部地区钢－混凝土混合梁设计与施工关键技术研究

一、第一完成单位

中交公路规划设计院有限公司

二、参加单位

1. 鄂东长江公路大桥有限公司
2. 同济大学
3. 南宁国研科技投资有限公司

三、主要完成人

徐国平、马立军、刘玉擎、刘高、田晓彬、吴文明、唐亮、胡明义、吴定俊、刘明虎、李昆、孙岩、葛耀君、李新国、刘峰、余俊林、刘化图、谭皓、高剑、徐群丽、唐海峰、侯斌、黄李骥、刘天成、邬都、陈上有、刘荣、武建敏、赵晨。

四、项目简介

交通部西部交通科技项目《西部地区钢—混凝土混合梁设计与施工关键技术研究》，针对混合结构桥梁混合梁结合部开展了系统研究。

混合梁结合部作为混合结构桥梁的关键部位，直接影响到桥梁的受力性能与安全性，设计不当将会影响桥梁结构整体受力性能。因此，探讨混合梁结合部细部构造的设计理念和构造细节的合理化，对桥梁工程建设具有现实意义。本项目的实施将为主跨 926m 的鄂东长江公路大桥的成

功建设提供了技术支撑，为《公路钢—混凝土组合桥梁设计与施工细则》的编制提供了依据，增强我国钢—混凝土混合结构桥梁技术竞争力。

五、技术创新

1. 研发了设置复合连接件的有格室混合梁结合部构造，并研究了其承压、传剪的作用机理，解决了混合梁结合部传递 200000kN 级轴力的技术难题。

2. 基于主梁恒载弯曲应变能及结合部活载效应最小的原则，提出了斜拉桥混合梁结合部合理位置的选取方法。

3. 提出了考虑主梁轴力与抗剪连接件承载力影响的判别参数，建立了混合梁结合部构造形式的选取方法。

4. 提出了计算混合梁结合部混凝土承压面作用力分配比例、抗剪连接件最大承剪力的计算方法，以及钢格室构造参数的选取原则。

5. 提出了开孔板剪力连接件模型试验准则、抗剪刚度确定原则及抗剪承载力计算方法。

六、项目获奖

荣获中交股份科技进步二等奖。

七、推广应用

项目研究成果在依托工程——湖北鄂东长江公路大桥的建设中得到了直接应用。

在湖北鄂东长江公路大桥混合梁结合部设计阶段，应用了项目组提出的混合梁结合部合理位置选取方法、混合梁结合部合理构造形式及其简化计算方法、开孔板连接件抗剪承载力及抗剪刚度计算公式等方面的研究成果，解决了湖北鄂东长江公路大桥四项混合梁关键技术问题，为大桥顺利、安全、高质量的建设提供了技术支撑。

28. 主跨3500m级碳纤维增强塑料（CFRP）主缆悬索桥原型设计

一、第一完成单位

中交公路规划设计院有限公司

二、参加单位

西南交通大学

三、主要完成人

刘明虎、强士中、徐国平、任伟平、童育强、诸葛萍、李贞新、李翠娟、王志诚、侯苏伟 、谭皓、李永乐、卫星、吴宏波、唐茂林、叶华文、肖灵、晋智斌、赵君黎、刘丽萍。

四、项目简介

本课题为国家高技术研究发展计划（863计划）项目，属重大交通基础设施核心技术专题的现代交通技术领域项目，2008年由科学技术部批准开展研究。课题以琼州跨海通道为研究背景，系统研究了主跨3500m级CFRP主缆悬索桥的关键技术及力学特性，探索性解决了一批超大跨径悬索桥设计的关键技术，突破了超大跨径悬索桥设计和建造的若干技术瓶颈，形成了一批具有自主知识产权的创新性成果。为我国今后在具有恶劣气候等复杂建设条件的地区修建超大跨径悬索桥提供了理论基础和设计示范，提升了我国超大跨桥梁建设的创新能力和技术竞争力，为我国重大交通基础设施可持续发展提供了技术储备。

项目于2011年8月通过科学技术部验收。2012年8月，经中国交通建设股份有限公司组织评审，总体达到国际领先水平。

五、技术创新

依托琼州海峡跨海工程，以超大通航净空、大风、强震等条件下跨海峡桥梁建设需求为背景，开展了主跨3500m级碳纤维增强塑料（CFRP）主缆悬索桥设计关键技术研究。技术成果主要创新点如下：

1. 研究建立了总体静力性能和抗动风稳定性能满足要求的超大跨径CFRP主缆悬索桥合理结构体系，论证了主跨3500m级悬索桥采用CFRP主缆的可行性。

2. 自主研发了CFRP内置套管锥形黏结型锚具，锚固效率系数达100%，可用于悬索桥实桥主缆索股锚固；研发了新型CFRP通用型碳纤维筋夹片式锚具，锚固效率超过95%，可用于桥梁CFRP丝股的一般性锚固。

3. 首次通过CFRP索股与钢鞍座、钢索夹之间的摩擦和弯曲性能的试验，得出了CFRP主缆与

大跨径悬索桥钢鞍座、钢索夹处的抗滑移、抗弯折性能优异的结论。

4. 首次完成了超大跨径 CFRP 主缆悬索桥的原型设计，制订了《超大跨径 CFRP 主缆悬索桥的设计指导准则》。

本项目为 CFRP 应用于大跨径悬索桥的设计提供了示范，在跨海桥梁工程方面有重大技术突破，研究成果对提升我国交通行业技术创新与科技进步具有重要推动作用。

六、项目成果

项目获国家授权专利 3 项（其中发明专利 1 项），发表学术论文 14 篇（其中 10 篇为 EI 收录），形成研究报告一套 5 本。课题以琼州海峡跨海通道工程建设为背景，研究成果将为其提供技术支撑，具有很高的社会经济价值。依照本课题总结的设计、试验关键技术和设计指导准则、设计图纸，可将 CFRP 应用于大跨径悬索桥主缆，并指导跨海超大跨径悬索桥的设计。

七、项目获奖

2012 年度荣获中交股份科学技术进步奖二等奖。

八、推广应用

本课题属于探索导向型，目前项目自主创新成果尚以理论应用或规划研究应用为主。预期推广应用前景良好。

1. 琼州海峡通道工程是《国家高速公路网规划》及《泛珠三角洲区域合作公路水路交通规划纲要》中沈阳至海口、兰州至海口国家高速公路，以及广州至三亚高速公路的跨越工程。在前期研究工作基础上，相继由交通运输部、国家发改委牵头，委托相关单位开展规划研究和深化前期研究工作。本课题以超大通航净空、大风、强震等条件下，跨海峡桥梁建设需求为背景，系统研究了超大跨悬索桥的关键技术及力学特性，探索性解决了一批超大跨径悬索桥设计的关键技术。研究建立了总体静力性能和抗动风稳定性能满足要求的超大跨径悬索桥合理结构体系，论证了超大跨悬索桥的可行性。

2. 本课题系统研究了超大跨悬索桥的关键技术及力学特性，其中对主缆索股与索鞍、索夹之间的摩擦（抗滑移）性能、丝股弯曲强度（弯折）性能开展了理论分析和试验研究。国内外对上述技术问题的物理模型测试研究很少，相应数据样本也少。在《公路悬索桥设计细则》（JTG/T D65—05）编制过程中，吸收了上述课题宝贵的测试数据样本成果，对钢丝与鞍座、索夹之间相应的技术参数和性能进行了论证，技术成果反应到了编制成果中。■

29. 铁路、轻轨、公铁（轨）桥梁车—桥耦合振动仿真分析研究

一、第一完成单位

中交公路规划设计院有限公司

二、主要完成人

徐国平、刘高、陈上有、王秀伟、吴宏波、邬都、李贞新、刘天成、程潜、徐群丽、李毅、黄李骥、冯苠、吴文明、唐亮。

三、项目简介

本项目为中国交通建设股份有限公司科技研发项目。本项目系统开展了铁路桥梁、轻轨桥梁和公铁（轨）两用桥梁的车辆与桥梁耦合振动仿真分析技术研究，经中国交通建设股份有限公司组织的专家鉴定，项目研究成果总体达到国际先进水平。

四、技术创新

1. 建立了考虑汽车车辆与铁路车辆（轻轨车辆）相互影响的公铁（轨）两用桥梁车—桥耦合动力系统力学模型及数值分析方法。

2. 自主研发了铁路桥梁、轻轨桥梁和公铁（轨）两用桥梁设计的核心分析工具：公铁（轨）两用桥梁车桥耦合振动仿真分析软件VBI。

3. 提出了基于车—桥耦合振动分析的桥梁结构损伤识别方法。

五、项目成果

项目获软件著作权1项，发表学术论文14篇（SCI收录2篇，EI收录5篇，ISTP收录4篇）。项目研究成果已在博斯普鲁斯三桥投标和琼州海峡跨海工程工可专题研究中得到了应用，对推动公铁（轨）两用桥梁设计技术水平和保障行车安全具有重要的理论意义和应用价值。■

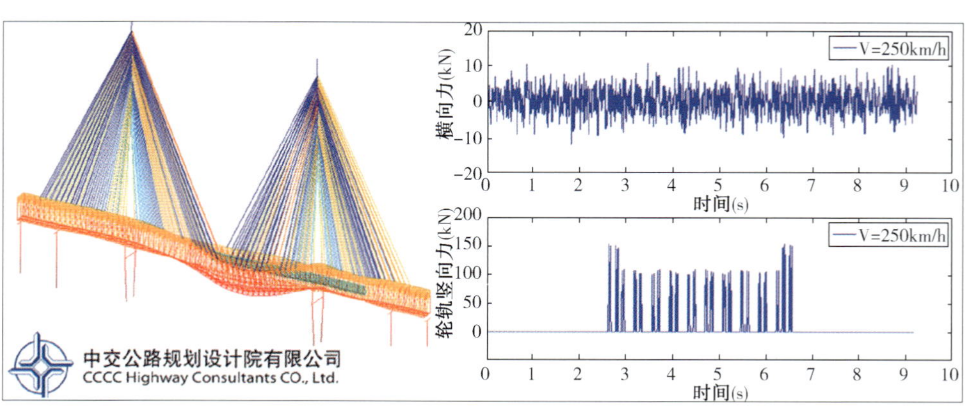

30. 深水软土地基大跨桥梁逆做法复合基础设计与施工技术研究

一、第一完成单位

中交公路规划设计院有限公司

二、参加单位

1. 中交第二公路工程局有限公司

2. 东南大学

三、主要完成人

袁洪、徐国平、任回兴、龚维明、刘高、刘永波、黄李骥、过超、付佰勇、李松、张云文、贺茂生、孙克强、穆保岗、陈圆圆、王毅、徐群丽、王寿星、李毅、吴敏、贺厚、高翔、曹峰、杨乐、周儒夏。

四、项目简介

交通运输部西部交通建设科技项目“深水软土地基大跨桥梁逆作法复合基础设计施工技术研究”由中交公路规划设计院有限公司主持实施。项目组在广泛调研国内外研究成果基础上，采用理论分析、数值模拟、模型实验、工艺性试验及实体工程观测验证等方法，对桥梁逆作法复合基础承台、群桩与地基土的共同作用机理、实桥逆作法复合基础的承载传力特征、设计分析方法、复合基础承台围堰施工技术等设计施工技术难题开展了系统全面的研究；研究成果应用于内蒙古沿黄一线公路大路至树林召段大路新区公铁立交桥，并通过承载性能与沉降的跟踪观测，验证了设计方法和施工工艺的合理可靠，解决了桥梁逆作法承台—群桩复合基础的设计施工难题。

项目组在广泛调研国内外研究成果基础上，采用理论分析、数值模拟、模型实验、工艺性试验及实体工程观测验证等方法，揭示了桥梁逆作法复合基础承台、群桩与地基土的共同作用机理，明晰了实桥逆作法复合基础的承载传力特征，提出了桥梁逆作法复合基础的适用范围；建立了桥梁承台—群桩逆作法复合基础的结构总体、沉降计算、封桩时机、荷载分配、承台与桩连接预留孔构造等设计分析方法，编制了桥梁逆作法复合基础设计分析软件，并通过模型试验进行了验证；发展了深水桥梁逆作法复合基础承台围堰施工技术，开发了预留孔施工钢套筒装置，提出了桥梁逆作法复合基础预留孔及其连接施工工艺，解决了桥梁逆作法复合基础承台与桩后连接和钢管桩插打导向等施工技术难题；研究成果应用于内蒙古沿黄一线公路大路至树林召段大路新区公铁立交桥，并通过承载性能与沉降的跟踪观测，验证了设计方法和施工工艺的合理可靠，解决了桥梁逆作法承台—群桩复合基础的设计施工难题。

项目于 2013 年 4 月 27 日在北京通过了交通运输部组织的专家鉴定验收，项目鉴定与验收专家委员会一致认为本项目研究成果总体达到了国际领先水平。

五、技术创新

1. 揭示了桥梁逆作法复合基础承台、群桩与地基土的共同作用机理，明晰了实桥逆作法复合基础的承载传力特征，提出了桥梁逆作法复合基础的适用范围。

2. 建立了桥梁承台—群桩逆作法复合基础的结构总体、沉降计算、封桩时机、荷载分配、承台与桩后连接预留孔构造等的设计分析方法，编制了桥梁逆作法复合基础设计分析软件，并通过模型试验进行了验证。

3. 发展了深水桥梁逆作法复合基础承台围堰施工技术，开发了预留孔施工钢套筒装置，提出了桥梁逆作法复合基础预留孔及其连接施工工艺，解决了桥梁逆作法复合基础承台与桩后连接和钢管桩插打导向等施工技术难题。

六、项目成果

项目对深水软土地基大跨桥梁逆作法复合基础的受力与变形机理、合理构造措施、设计方法和流程、关键施工工艺等进行总结和提升，首次形成系统的包括设计方法、施工工艺、模型试验和现场实测在内的逆作法桥梁复合基础的成套研究成果，提出深水软土地基大跨桥梁逆作法复合基础设计施工成套技术，解决逆作法桥梁复合基础的受力机理分析、沉降控制、设计技术及施工工艺等关键性问题，拓展了桥梁基础新型式及其设计施工方法，项目成果可应用于桥梁基础设计施工领域。

七、推广应用

项目研究成果应用于沿黄一级公路大路至树林召段大路新区公铁立交桥，在设计过程中，大路新区公铁立交桥 3 号左幅桥墩基础采用了逆作法复合基础设计方法，并采用逆作法复合基础沉降分析与控制技术对基础沉降进行计算与控制；在施工过程中，应用了逆作法复合基础施工工艺关键技术指导承台、桩基及桩与承台连接施工；根据逆作法复合基础的设计方法和工艺流程，利用逆作法复合基础实测方法，对基础受力性能进行了现场监测，验证了设计方法和施工工艺的合理可靠，解决了桥梁逆作法承台—群桩复合基础的设计施工难题，经济效益显著。项目成果拓展了桥梁基础形式，提升了工程设计水平，具有重要的工程应用价值，推广应用前景广阔。■

31. 桥梁预应力混凝土构件合理设计使用寿命研究

一、第一完成单位

中交公路规划设计院有限公司

二、主要完成人

王仁贵、黄李骥、马军海、包桂钰、于兴环、王秀伟、张杰、吴文明、王毅、邬都、王维昭、李宝坤、徐群丽。

三、项目简介

交通部运输西部交通建设科技项目“桥梁预应力混凝土构件合理设计使用寿命研究”由中交公路规划设计院有限公司主持实施，在历时2年的研究中，通过对桥梁预应力混凝土构件使用寿命影响因素、退化分析方法、设计使用寿命判定准则、设计使用寿命确定方法、合理设计使用寿命决策方法等关键技术的系统研究，建立了桥梁预应力混凝土构件合理设计使用寿命的确定方法和计算分析流程，并以实桥为依托进行了应用验证，解决了预应力混凝土箱梁设计使用寿命的合理确定问题，并编写了合理设计使用寿命确定示例。

项目于2013年2月28日在北京通过了交通运输部组织的专家鉴定验收，项目鉴定与验收专家委员会一致认为本项目研究成果总体达到了国际领先水平。

四、技术创新

1. 提出了考虑荷载、环境、结构和管养等因素的桥梁预应力混凝土构件性能退化分析方法。

2. 从安全性、耐久性、适用性和抗疲劳性能等4个方面，研究建立了桥梁预应力混凝土构件设计使用寿命判定准则。

3. 提出了不同设计使用寿命期成本分析的确定方法，建立了相应的桥梁全寿命成本分析模型。

4. 提出了桥梁预应力混凝土构件合理设计使用寿命确定方法和计算分析流程。

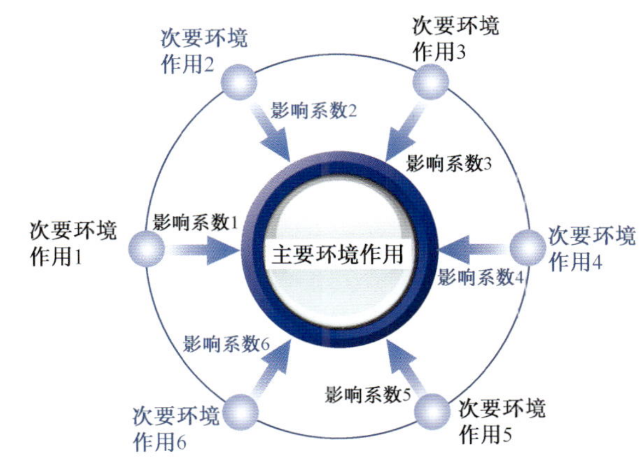

五、项目成果

项目为交通行业提出了解决桥梁全寿命设计依据和目标问题的方法，建立了桥梁预应力混凝土构件合理设计使用寿命确定方法和计算分析流程，完善了桥梁全寿命设计理论与方法，提供了桥梁预应力混凝土构件合理设计使用寿命确定工程范例，可使桥梁工程技术人员有明确的设计依据，也可使设计中结构分析以及采用的构造措施、耐久性措施和运营期管养措施更有针对性，也更为合理。可从根本上提高桥梁设计理念、工程设计水平和工程建设质量，并可为桥梁管养工作提供明确目标和指导。

六、推广应用

项目成果在甘肃省平凉至武都高速公路平洛河11号大桥的建设中得到了直接应用，解决了预应力混凝土箱梁设计使用寿命的合理确定问题，为依托工程建设提供了科学合理的技术支撑，也为桥梁运营管理带来显著的经济和社会效益，推广应用前景广阔。■

32. 大跨钢桥关键构件的疲劳性能与合理构造试验研究

一、第一完成单位

中交公路规划设计院有限公司

二、参加单位

1. 同济大学
2. 长安大学

三、主要完成人

裴岷山、徐国平、吴冲、刘高、黄李骥、唐亮、王春生、吴文明、李正熔、王秀伟、付炳宁、李平、梁振有、付佰勇、曾明根、过超、余俊林、冯苠、刘志强、段兰、徐群丽、邬都、吴宏波、张克、王茜。

四、项目简介

2008 年，交通运输部西部交通建设科技项目“大跨钢桥关键构件的疲劳性能与合理构造试验

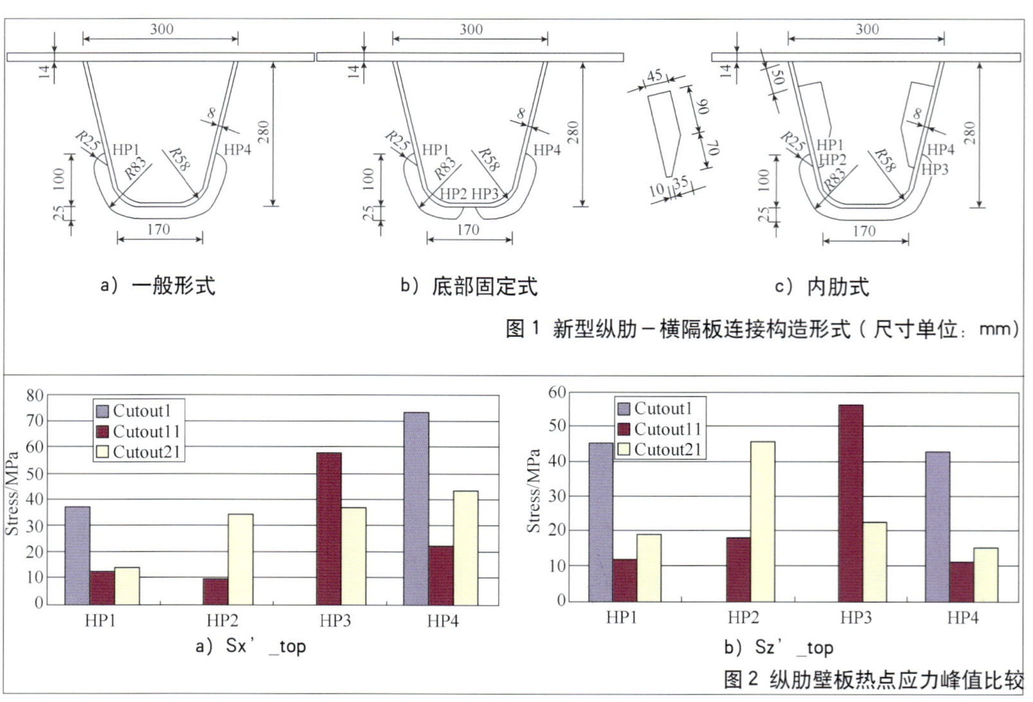

图 1 新型纵肋－横隔板连接构造形式（尺寸单位：mm）

图 2 纵肋壁板热点应力峰值比较

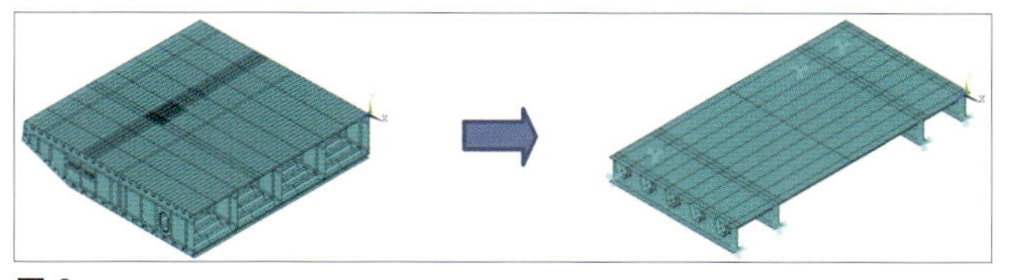

图 3

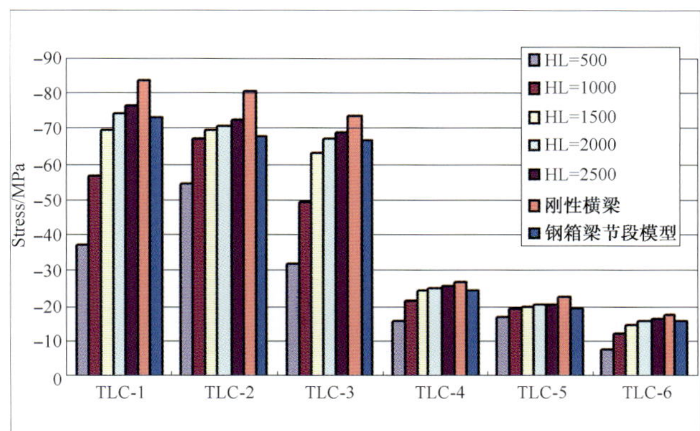

图 4 弧形切口周边横隔板热点应力值比较

研究” 由中交公路规划设计院有限公司联合同济大学、长安大学共同承担。

项目针对大跨钢桥关键构件的疲劳问题，开展了正交异性钢桥面板、斜拉索和吊索及其锚固构造、钢桁梁整体节点等结构的疲劳性能及合理构造研究，完成了大跨钢桥关键构件抗疲劳设计指南及示例，取得了正交异性钢桥面板内肋式闭口纵肋与横隔板连接构造、正交异性钢桥面板足尺模型疲劳试验设计方法、钢桁梁紧凑型整体节点等多项创新成果。项目研究成果对完善和发展我国现有桥梁设计规范，提高钢桥全寿命使用性能，提升我国桥梁建造水平具有十分积极的促进作用。

项目于 2013 年顺利结题，经交通运输部组织的专家鉴定，项目研究成果总体达到国际先进水平。

五、技术创新

1. 提出了正交异性钢桥面板闭口纵肋与横隔板连接的内肋式新型构造，揭示了其疲劳裂纹萌生和发展的机理，建立了针对不同裂纹形式的疲劳强度等级，解决了正交异性钢桥面板纵肋与横隔板交叉部位抗疲劳的关键技术难题。如图 1、图 2 所示。

2. 提出了正交异性钢桥面板足尺模型疲劳试验多目标设计方法，解决了模型尺寸、制造工艺、加载及边界条件等方面与实桥的相似问题，并通过实桥测试、数值模拟、模型试验等方式进行了验证，保证了由试验确定的疲劳强度等级的可靠性。如图 3、图 4 所示。

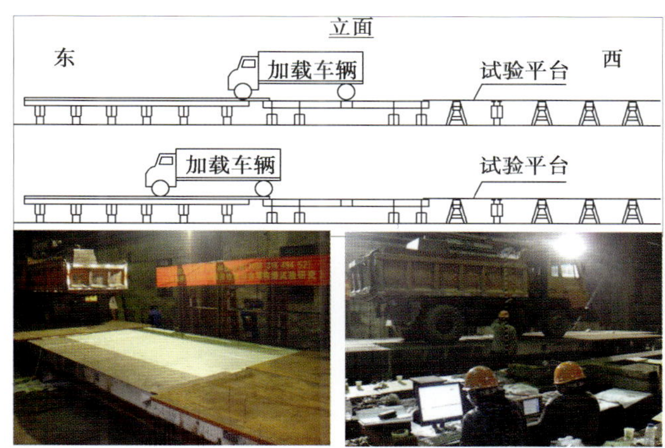

图 5 车辆加载试验装置

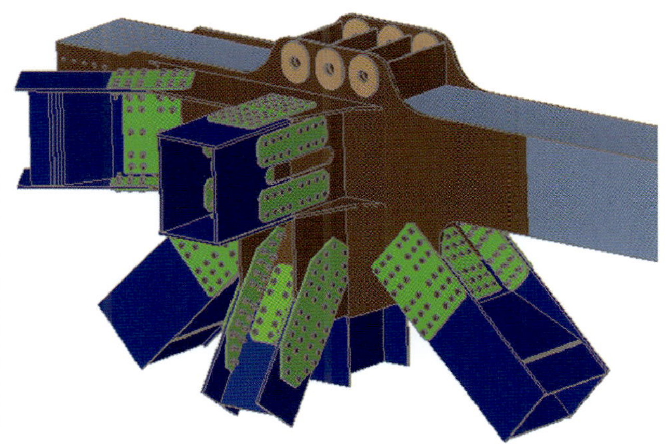

图 6 新型紧凑型整体节点结构

3. 开展了针对正交异性钢桥面板疲劳构造细节的足尺模型车辆加载试验及实桥测试，建立了正交异性钢桥面板主要构造细节的疲劳裂纹控制应力影响面等车辆荷载响应关系，揭示了正交异性钢桥面板疲劳损伤机理。如图 5 所示。

4. 在钢桁加劲梁节点中采用了新型的紧凑型整体节点结构，斜腹杆与整体节点的连接方式由传统的插入式改为对接式，高强度螺栓由单剪改为双剪，其节点板尺寸小，杆件连接方便，抗疲劳性能好。如图 6 所示。

六、推广应用

项目研究成果在云南龙江大桥、湖北鄂东长江大桥、陕西省西铜高速公路渭河特大桥的建设中得到了直接应用，节支总额约 6800 万元。

项目部分研究成果已纳入《公路钢结构桥梁设计规范》《公路悬索桥设计细则》等行业标准规范。

33. 台风浪耦合作用下跨海峡桥梁动力模拟及防灾减灾技术

一、第一完成单位

中交公路规划设计院有限公司

二、参加单位

1. 大连理工大学
2. 交通部天津水运工程科学研究所

三、主要完成人

孟凡超、刘高、张亚辉、陈汉宝、吴宏波、陈上有、刘天成、刘海源、赵岩、戈龙仔、张慈珩、李毅、徐群丽、马军海、孔庆凯、梅刚、牟晓光、王付、徐文涛、张志超、朱丹阳、刘浩天。

四、项目简介

本项目为国家高技术研究发展计划（863 计划）课题。项目攻克了跨海桥梁台风浪耦合作用试验模拟技术、数值模拟技术及防灾减灾技术等关键技术，为今后跨海峡大桥的建设提供了技术支撑。经中国交通建设股份有限公司组织的专家鉴定，项目研究成果总体达到国际领先水平。

五、技术创新

1. 研发了由吸收式水槽造波机、轴流变频风机等组成的随机风浪耦合试验模拟系统，揭示了桥墩风浪耦合作用的力谱特征。

2. 提出了基于虚拟激励法的桥梁风浪耦合随机动力分析方法，研发了具有自主知识产权的桥梁风浪耦合动力分析软件 BPMWAW。

3. 研发了桥墩（塔）抗风浪耦合作用的结构构造技术、振动控制技术及综合防灾减灾技术；研发了套筒式、凸起块式、曲面导浪块式及其组合的桥墩（塔）消浪结构构造装置。

六、项目成果

获得国家发明专利 1 项，实用新型专利 2 项，软件著作权 1 项，发表论文 17 篇。

七、推广应用

课题成果在青岛扬帆船舶制造有限公司船舶制造工程的防波堤工程、山东海阳人工岛工程、印度尼西亚 S2P 电厂防波堤工程、琼州海峡跨海工程规划及预可行性研究等工程实践中得到了应用。■

随机波浪对倒角矩形截面桥墩的作用试验

随机波浪对矩形截面桥墩的作用试验

34. 水深大于 50m 厚软基跨海桥梁逆作法复合基础设计施工技术

一、第一完成单位

中交公路规划设计院有限公司

二、参与单位

1. 中交第二航务工程局有限公司
2. 东南大学

三、主要完成人

徐国平、张鸿、龚维明、刘高、高衡、王贤成、黄李骥、过超、付佰勇、杨炎华、张国志、

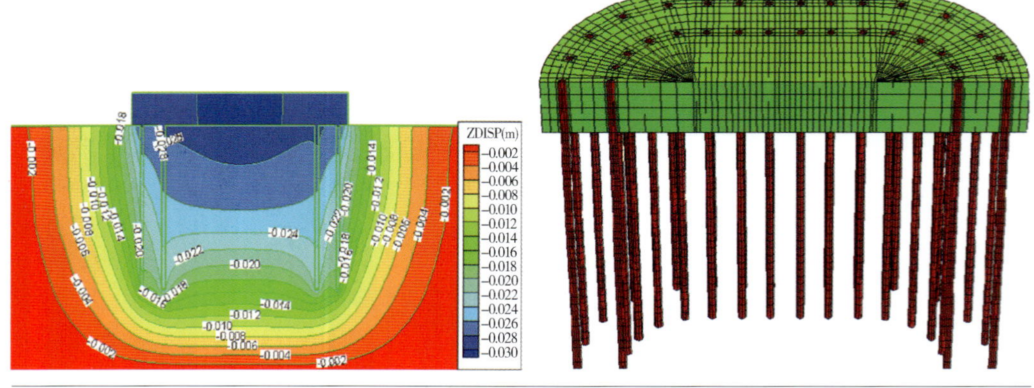

沉箱—钢管桩—地基土共同作用模型与结果

沉箱基础局部冲刷及防护试验研究

翟世鸿、穆保岗、裴岷山、唐亮、程晔、徐麟、侯斌、周山水、黄跃、薛国亚、徐群丽、邬都、柴建峰、李贞新、李顺凯、李毅、吴文明、马军海、张杰、王毅、刘化图、冯清海、高芬芬、胡立峰、章钊、马天抒、汪德敏、吴启和。

四、项目简介

本项目为科技部高技术研究发展计划（863 计划）专题课题 ，由中交公路规划设计院有限公司主持实施。在历时两年的研究中，首次研发了适用于水深大于 50m 厚软基跨海桥梁的钢空腔沉箱—桩逆作法复合基础。开发了厚软基跨海桥梁逆作法复合基础室内模型试验系统，通过模型试验和理论研究，揭示了深水条件下逆作法复合基础中沉箱—桩与地基土的共同作用机理，制定了简化计算公式，提出了沉降控制措施；研发了依托沉箱结构的悬臂式打桩平台，水下钢管桩精确定位测量及辅助系统；通过高性能自密实不离析混凝土配制试验，混凝土连接接头性能试验，研究了沉箱与桩连接的关键技术；研发了刚性导管辅助定位深水混凝土浇注工艺，进行了钢空腔的耐久性与密水性研究。

项目于 2012 年 8 月 24 日在北京通过了中国交通建设股份有限公司组织的专家鉴定验收，项目鉴定委员会一致认为本项目研究成果总体达到了国际领先水平。

五、技术创新

1. 首次研发了钢空腔沉箱—桩逆作法复合基础新型结构及施工方法。

2. 揭示了深水条件下逆作法复合基础中沉箱—钢管桩与地基土的共同作用机理，得出了沉箱与桩的荷载分担比例及复合基础竖向与水平向的变形规律。

3. 建立了沉箱—桩逆作法复合基础的沉降分析简化方法，提出了钢空腔浮力利用、改变桩长桩径、调整封桩时间等多种沉降控制措施。

4. 明确了深水条件下高性能混凝土的配制要求，建立了钢管表面形式对黏结强度的影响关系。

5. 提出了深水厚覆盖层沉箱—桩复合基础逆作施工工艺，研发了保证钢管桩 50m 水深插打要求的辅助定位装置。

六、项目成果

项目研发了适用于大跨桥梁深水厚软基条件下的钢空腔沉箱—桩逆作法复合基础，提出了逆作法复合基础的设计理论和方法，开发了厚软基跨海桥梁逆作法复合基础室内模型试验系统，揭示了深水条件下逆作法复合基础中沉箱—桩与地基土的共同作用机理，制订了沉降简化计算公式，提出了沉降控制措施；研发了依托沉箱结构的悬臂式打桩平台，水下钢管桩精确定位测量及辅助系统；通过高性能自密实不离析混凝土配制试验，混凝土连接接头性能试验，研究了沉箱与桩连接的关键技术；研发了刚性导管辅助定位深水混凝土浇注工艺，进行了钢空腔的耐久性与密水性研究，形成了深水厚软基桥梁逆作法复合基础设计施工核心技术，体现了海工结构的最新设计理念和技术成果，将为琼州海峡跨海通道工程、渤海海峡跨海通道工程等提供强有力的技术支撑。项目获发明专利 2 项，发表论文 14 篇，培养研究生 6 名。

七、推广应用

本项目攻克了深水厚软基跨海桥梁逆作法复合设计施工关键技术，为琼州海峡跨海通道工程可行性研究提供了技术支撑。项目研究成果在安哥拉索约卡宾达大桥可行性研究中进行了推广应用。为深水厚软基跨海桥梁基础建设提供了强有力的技术支撑，具有广阔的应用前景。

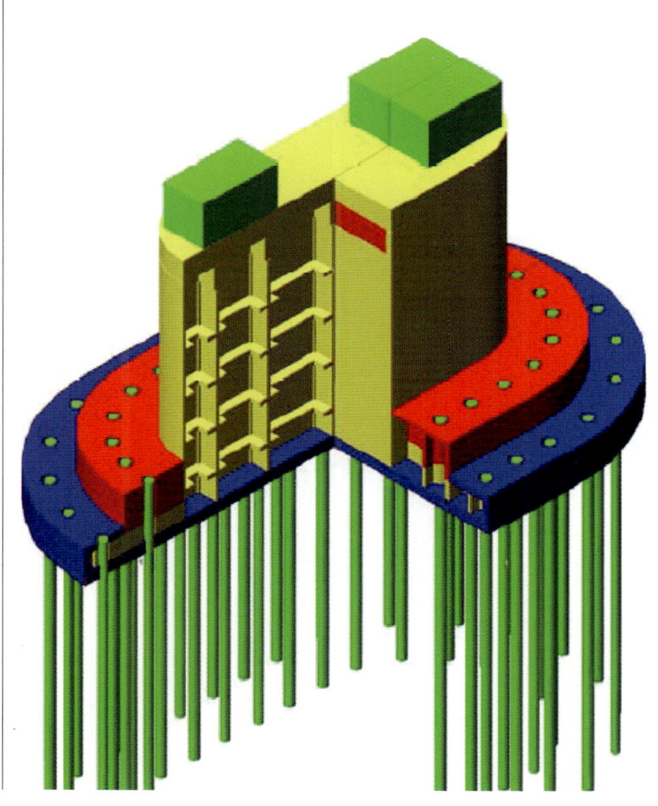

35. 大跨径混凝土桥梁长期变形和开裂控制技术

一、第一完成单位

中交公路规划设计院有限公司

二、参加单位

1. 北京交通大学
2. 重庆交通大学

三、主要完成人

李正熔、许航、雷俊卿、向中富、彭小明、李琼、秦建军、黄海东、李隆、邹立群、李飞。

四、项目简介

2008年，科学技术部批准了国家高技术研究发展计划（863计划）支持的公路交通工程项目"大跨径混凝土桥梁长期变形和开裂控制技术"。课题主要针对目前国内外大跨径预应力混凝土桥梁普遍存在的跨中下挠和开裂现象所包含的核心技术，以提高创新能力、获取一批自主知识产权的创新性成果、为未来发展提供技术储备、突破一批关键技术以提高我国在桥梁建设技术方面的研发实力。

项目于2011年顺利结题，经科技部等鉴定，总体达到国际先进水平。

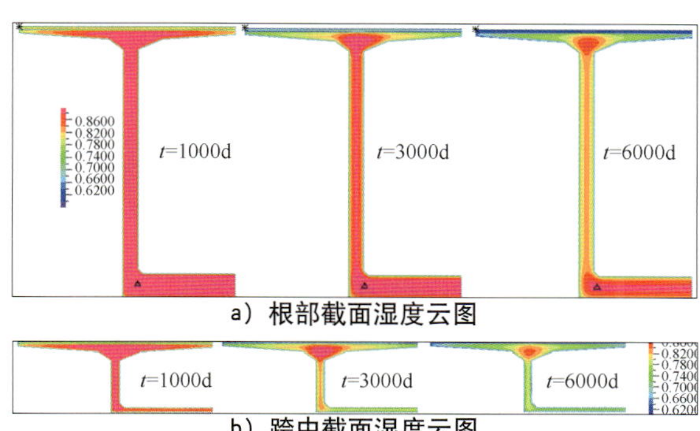

a）根部截面湿度云图

b）跨中截面湿度云图

图 1 箱梁截面 1000 ~ 6000 天湿度变化云图

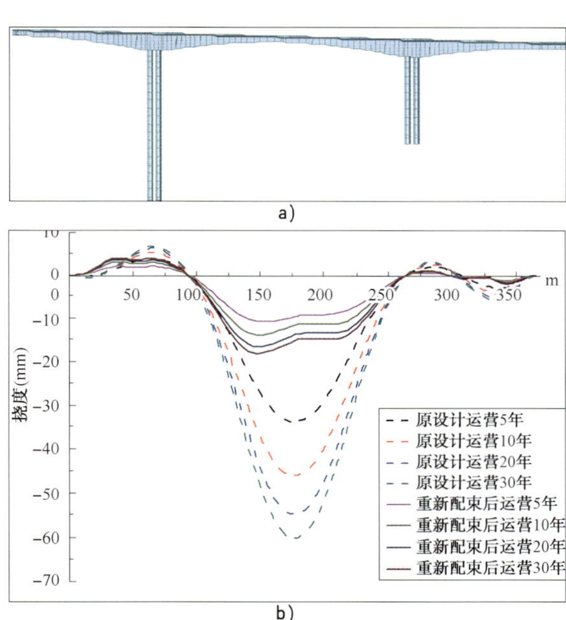

a）

b）

图 2 目标弯矩法控制结构下挠

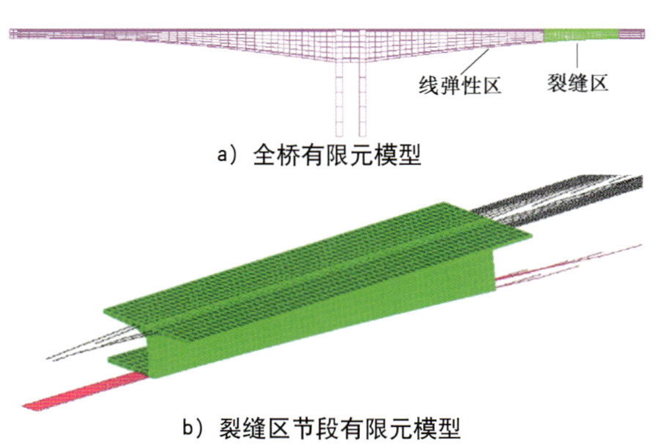

a）全桥有限元模型

b）裂缝区节段有限元模型

图 3 有限元仿真模型

五、技术创新

1. 首次考虑了温度作为外荷载和改变混凝土徐变特性对混凝土结构长期变形的影响，建立了相关计算模型。

2. 分析研究了箱梁不均匀收缩对混凝土结构长期变形的影响，发现箱梁截面不均匀收缩对结构长期变形的影响显著，首次提出了相应的计算模型，该计算模型能显著提高目前对混凝土结构长期变形的计算精度。如图 1 所示。

3. 基于第二能量原理提出的减小长期下挠的“目标弯矩法”，方法合理，理论依据充分，能够有效控制混凝土结构长期下挠。如图 2 所示。

4. 提出了大跨径预应力梁桥应通过短期试验利用现有模型进行回归分析，确定混凝土收缩应变和徐变系数的新思路。

5. 针对剪切裂缝对结构整体刚度的影响开展试验研究，研究不同斜裂缝分布条件下结构刚度衰减情况，分析箱梁腹板斜裂缝对大跨 PC 箱梁桥结构受力行为的影响机理及程度。如图 3 所示。

6. 从裂缝的基本概念出发，总结了结构开裂的机理，提出了从设计、材料及施工等方面采取相应措施进行对开裂的控制，尤其对于混凝土这种特殊的材料，在结构开裂中所起的作用以前并没有受到足够的重视，从包括水泥、外加剂、集料的使用等多方面研究并总结了材料对于结构长期力学行能及开裂的影响。

六、项目成果

项目完成设计施工指南 1 部，核心刊物论文 13 篇，其中 ISTP 检索 3 篇，完成博士论文 1 篇，硕士论文 3 篇。项目自主创新成果在国内外多座大桥中得到推广应用，具有显著的社会、经济效益。

七、项目获奖

荣获中交股份科技进步二等奖。

八、推广应用

1. 大跨径混凝土桥梁长期变形和开裂控制技术先后在塞尔维亚贝尔格莱德市的泽蒙—博萨大桥（2010 至今）、重庆江津长江大桥等大桥中得到成功应用。

2. 项目部分研究成果已纳入《大跨径预应力混凝土梁桥设计施工技术指南》。■

36. 跨海峡公路桥梁工程设计与施工关键技术研究

一、第一完成单位

中交公路规划设计院有限公司

二、参加单位

1. 中交第二航务工程局有限公司
2. 中交第二公路工程局有限公司
3. 路桥集团国际建设股份有限公司
4. 中交公路长大桥建设国家工程研究中心有限公司
5. 南京水利科学研究院

三、主要完成人

张喜刚、张鸿、薛光雄、郭光松、徐国平、袁洪、刘高、赵君黎、黄李骥、吴宏波、冯苠、吴文明、唐亮、王毅、张杰、马军海、刘天成、付佰勇、邬都、李毅、陈上有、李雪、刘晓娣、翟慧娜、徐群丽、高衡、侯斌、童育强、刘化图、贾立峰、蔡景旺、徐军、曾旭平、陈晓东、查雅平、柴建峰、梅刚、牟晓光、廖锦翔、王贤成、杨昌维、翟世鸿、黄建维、吴启和、杨炎华、

贺茂生、沈忠群、牛亚洲、汪霞利、韩学伟、孙茂、郭光松、檀兴华、李德钦、鲜正洪、施闯、阳凡林、龚维明、穆保岗、薛国亚、程晔、高冬光、高正荣、杨程生、陈汉宝、刘海源、张亚辉、赵岩、金允龙、高家镛、赵振宇、汤小戎、葛耀君、朱乐东、曹丰产、杨咏昕。

四、项目简介

2008 年，中国交通建设股份有限公司批准了“跨海峡公路桥梁工程设计与施工关键技术研究”课题。课题以提升我国跨海峡公路桥梁建设创新能力和技术竞争力，促进交通行业技术进步为目标，针对跨海峡桥梁建设面临的复杂建设条件和超大跨超长桥梁结构方面的技术难点，对技术标准和关键结构及特性进行研究和技术攻关。

项目于 2012 年顺利结题。

五、技术创新

1. 提出了钢空腔沉箱—桩逆作法复合基础设计方案，建立了沉箱—桩逆作法复合基础的设计计算方法和沉箱—钢管桩与地基土的共同作用分析方法，研发了水深超过 50m 钢管桩精确插打技术和深水钢管桩与沉箱的连接工艺。如图 1 所示。

2. 研发了由吸收式水槽造波机、轴流变频风机等组成的随机风浪耦合试验模拟系统；提出了基于虚拟激励法的桥梁风浪耦合动力响应分析方法；研发了套筒式、套筒一曲面导浪块组合式的桥墩（塔）消浪结构构造技术；研发了基于结构构造技术和 TMD/TLD 振动控制技术的桥墩（塔）抗风浪耦合作用的综合防灾减灾技术。如图 2 所示。

3. 建立了静力限位与动力阻尼组合的新型桥梁结构体系及关键装置，提出了内置式钢锚箱组合索塔锚固结构和设置复合连接件有格室—承压板混合梁结合部结构及其设计方法，建立了超大跨斜拉桥施工全过程自适应几何控制方法，研发了能实现多次无应力索长张拉、考虑非线性多次迭代计算预拱度的跨海峡公路桥梁结构静动力空间分析及施工控制软件。如图 3、图 4 所示。

4. 建立了基于分子运动论的桥梁结构数值风洞及抗风分析方法；研发了钢桁梁桥面板中央开槽和水平气动翼板组合、分体式钢箱梁中央格栅结构等新型气动控制措施。如图 5、图 6 所示。

5. 建立了包括评估流程、评估方法、评估指标、评估矩阵、接受准则等的跨海峡桥梁安全风险评估方法体系，提出了跨海峡桥梁海啸和风暴潮等典型运营安全风险的评估方法。如图 7、图 8 所示。

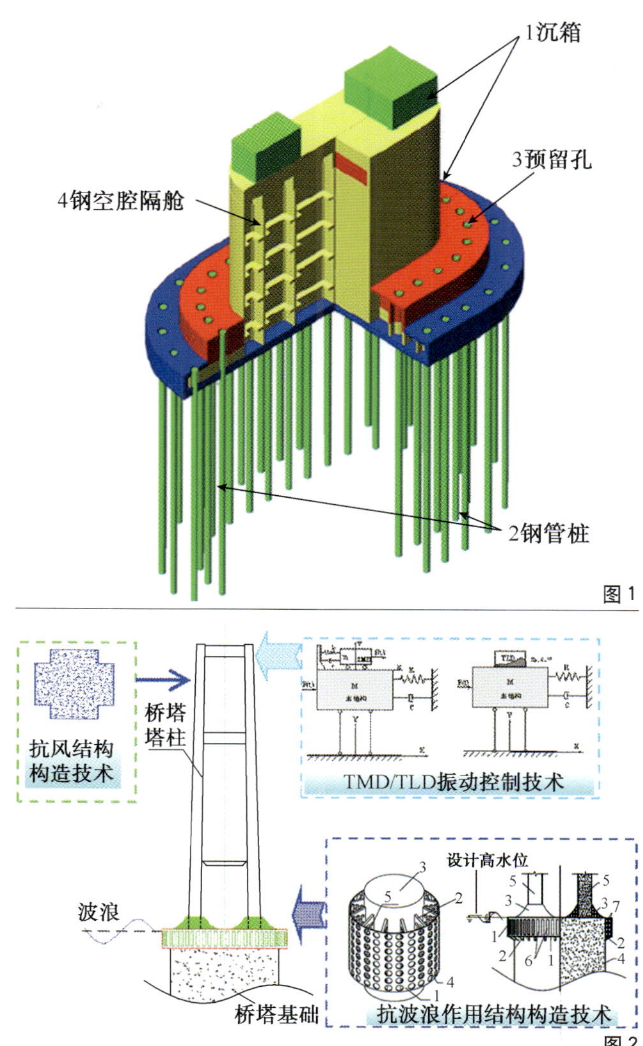

图 1

图 2

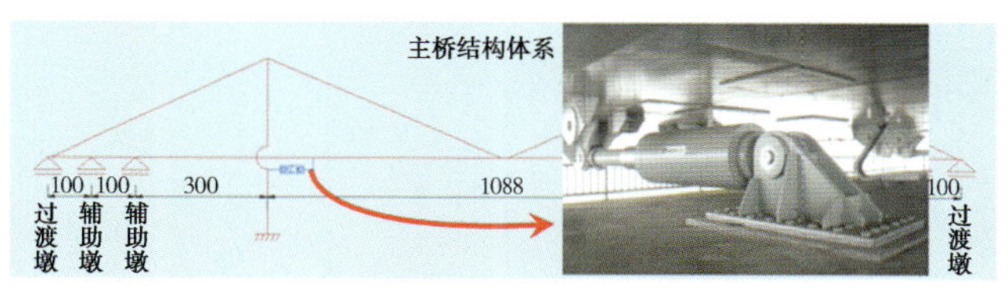

图 3

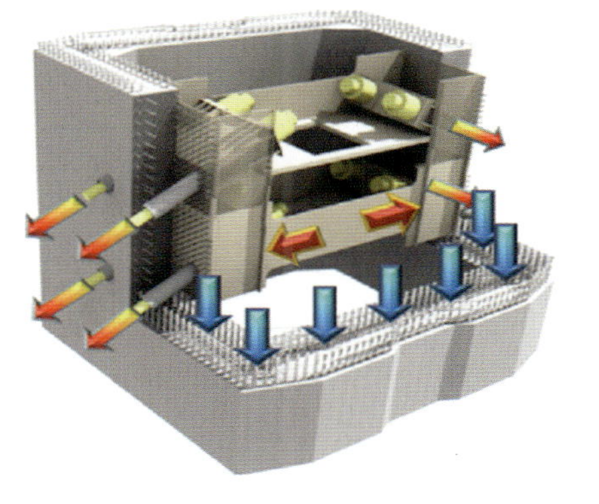

图 4

BridgeFlow
文件(F) 列表(L) 显示(P) 界面(V) 帮助(H)
工具栏
Case定义
流场区域网格
固体模型
边界条件
湍流模型
动网格
求解
计算控制
流场监测
流场初始化
迭代求解
后处理
读入结果数
流动时程
等值线
矢量图
动态显示
播放器
显示窗口
树形菜单
控制区
输出窗口
命令行窗口
图5

气动翼板
气动翼板
图6

Value
7.49
3.67
-0.15
-3.96
-7.78
Wave Propagation Direction

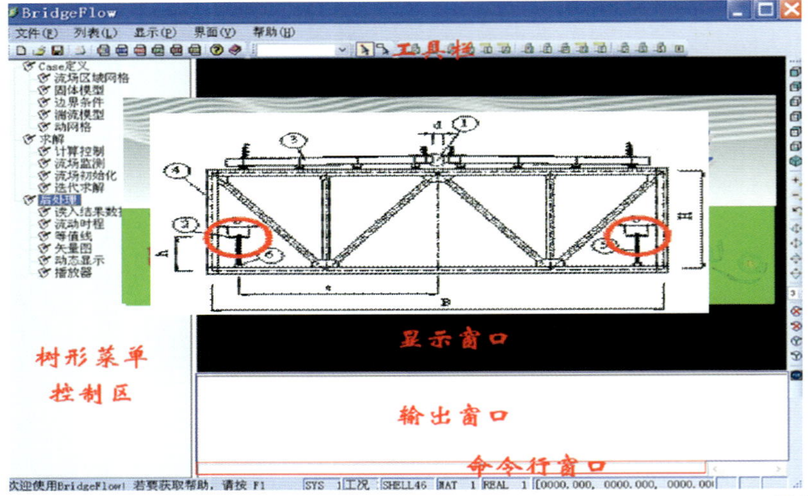

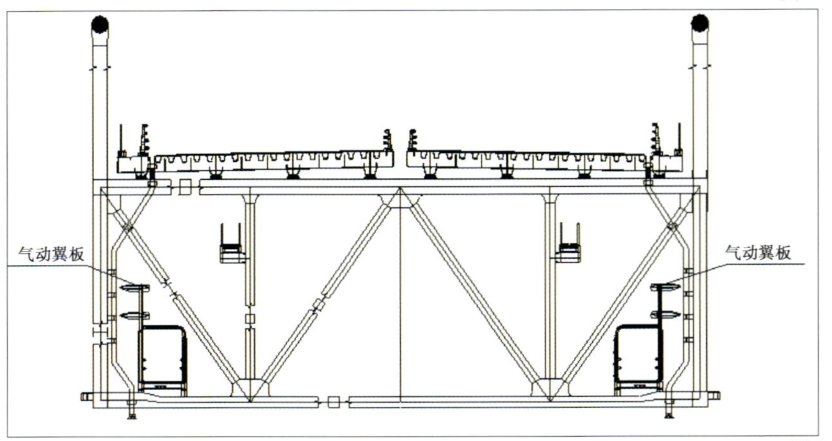

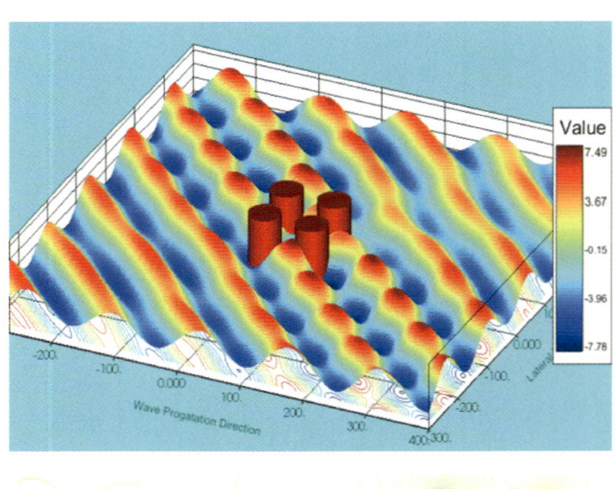

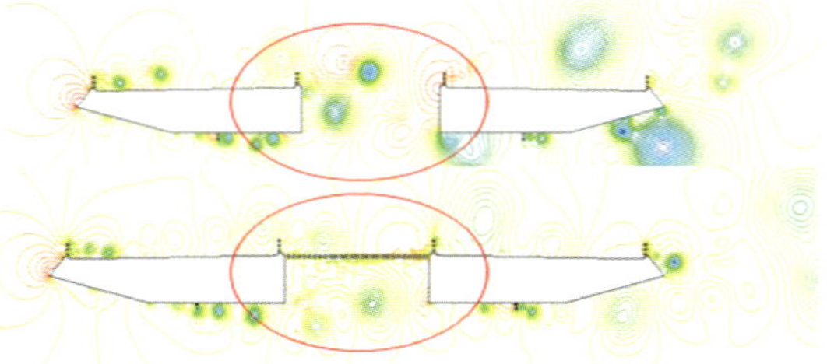

图7

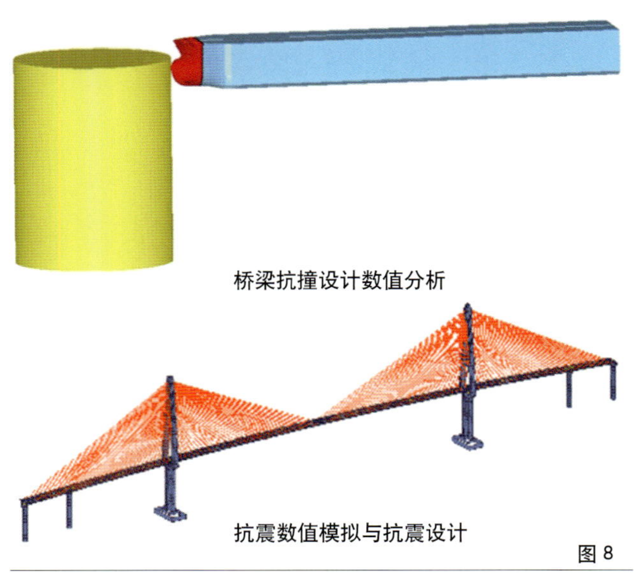

桥梁抗撞设计数值分析

抗震数值模拟与抗震设计

图 8

六、项目成果

项目获国家授权专利 12 项、软件著作权 7 项、工法 1 项，发表论文 46 篇。项目自主创新成果在国内外多座大桥中得到推广应用，部分成果已纳入行业标准规范，具有显著的社会与经济效益。

七、推广应用

跨海峡通道工程水文、地质、地震、风况以及外海施工条件等十分复杂，通航等级高，工程规模浩大，前期研究的勘察、调查、研究、论证、试验等工作需要十几年甚至几十年的时间，特别是新材料的开发使用以及施工工艺的研究，需要做大量的基础研究、论证工作。

跨海峡桥梁工程设计与施工相关前瞻性课题和关键技术的研究，除直接服务于琼州海峡跨海桥梁工程，使粤西地区与海南连成一个整体外，也将为我国跨海工程积累经验。充分利用国际上跨海桥梁工程建设与研究成果，全面推进琼州海峡跨海桥梁工程建设，逐一攻克海峡桥梁工程建设面临的一系列重大技术难题，将为我国今后海峡跨海桥梁工程建设，特别是渤海海峡、台湾海峡跨海桥梁工程提供经验。

跨海峡桥梁工程设计与施工相关前瞻性课题和关键技术的研究，不仅对经济产生积极影响，同时也可以提高我国公路交通建设的科技水平，为将来建设其他的跨海桥梁工程积累一些经验。由于琼州海峡自然条件比较复杂，跨海桥梁工程规模浩大，技术难度较高，在我国乃至世界上都属于超级工程，其建设必将大大提高我国在跨海桥梁工程方面的科学技术水平和我国公路工程界在国际上的声誉与地位。■

图 9

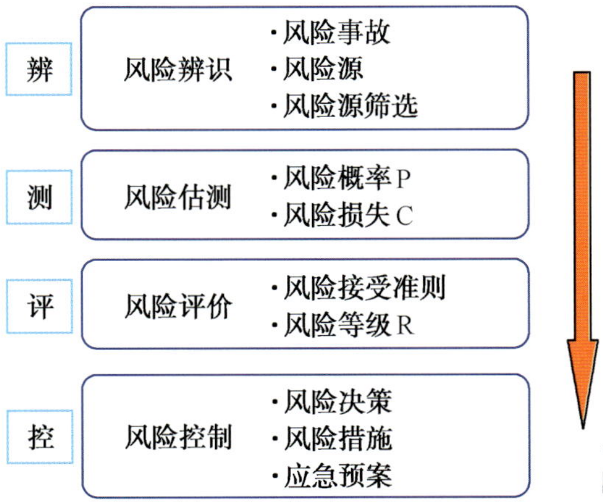

辨	风险辨识	·风险事故 ·风险源 ·风险源筛选
测	风险估测	·风险概率 P ·风险损失 C
评	风险评价	·风险接受准则 ·风险等级 R
控	风险控制	·风险决策 ·风险措施 ·应急预案

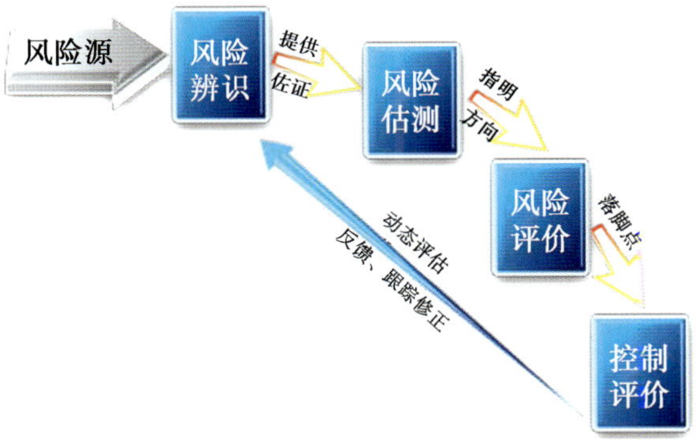

风险源

风险辨识

提供

佐证

风险估测

指明

方向

风险评价

落脚点

控制评价

动态评估

反馈、跟踪修正

◆ “辨、测、评、控”四个环节逐次递进，并形成一个闭环，往复动态实现工程施工和运营的安全风险评估。

1. 沥青路面设计指标和参数研究

一、第一完成单位

中交公路规划设计院有限公司

二、参加单位

1. 同济大学
2. 华南理工大学
3. 长安大学
4. 交通部公路科学研究院
5. 哈尔滨工业大学
6. 东南大学
7. 江苏省交通科学研究院有限公司
8. 山东省交通科学研究所
9. 山西省交通科学研究院

三、主要完成人

刘伯莹、姚祖康、张肖宁、李立寒、凌建明、郭忠印、沙爱民、孟书涛、冯德成、牛开民、

ALF 试验段检测

杨学良、高英、苻冠华、王林、赵队家。

四、项目简介

项目由交通部公路司于 2004 年设立，由中交公路规划设计院有限公司主持，同济大学、交通部公路科学研究院等 10 家科研院所共同承担完成。

项目共设 11 个专题，涵盖了沥青路面设计的关键技术，包括沥青混合料动态模量和沥青层疲劳开裂预估模型研究、沥青混合料和沥青面层抗永久变形预估研究、路基与粒料层动态模量参数研究、路基湿度状况及模量调整系数研究、路基和粒料层抗永久变形性能预估研究、无机结合料稳定类基层模量及衰变规律和疲劳损坏预估模型研究、沥青面层低温缩裂研究、沥青路面的温度场和沥青面层的当量温度系数研究，以及加速加载试验验证和沥青路面设计指标和参数的协调平衡研究，项目旨在结合我国沥青路面的使用特点和实践经验，通过系统的分析与试验研究，建立适合我国特点、具有发展前景且与国际融合的沥青路面设计指标、参数和方法，为开展新一轮沥青设计规范修订工作提供基础依据和核心内容，从而在设计上解决沥青路面早期损坏问题，提高沥青路面的使用性能。

项目组经过大量的室内试验研究、室外试验模拟以及试验段的观测，在总结和吸收国内外沥青路面力学－经验法设计指标和参数的研究成果和使用经验的基础上，构建了新的沥青路面设计指标和参数体系，并在此基础上编写了《公路沥青路面设计指南》。

项目于 2008 年顺利结题，经交通运输部鉴定，研究成果总体达到国际先进水平，其中动态设计参数等研究成果达到国际领先水平。

五、技术创新

1. 建立的包括沥青层的疲劳寿命、无机结合料稳定层的疲劳寿命、路基顶面的容许压应变、沥青混合料的蠕变率以及沥青的蠕变劲度、劲度曲线斜率 m 和断裂应变等沥青路面设计多指标体系，能更好地反映沥青路面损坏的现象和机理，较全面地考虑沥青路面的主要损坏类型。

2. 建立的包括沥青混合料动态压缩模量、考虑衰变阶段的无机结合料弹性模量、路基和粒料层回弹模量及湿度调整系数和综合调整系数等沥青路面动态设计参数体系能够如实反映路面结构、材料的力学性状，体现温度、湿度等环境因素的影响；提出的参数的标准试验方法、参数值与材料性能、设计指标都有相关性，适应我国室内试验条件。

长期观测试验段——山西离军高速

3. 建立了包括结构层组合设计、混合料组成设计、结构层厚度确定、路面使用性能验证分析等内容的沥青路面设计方法。

六、项目成果

项目共发表相关论文 30 篇，其中核心期刊 21 篇。

七、项目获奖

荣获中国公路学会科学技术奖一等奖，中交股份科学技术进步二等奖。

八、推广应用

1. 项目建立的沥青路面设计指标和参数新体系，为我国沥青路面设计规范下一轮的修订提供了坚实的基础和核心依据，大部分研究成果可直接纳入沥青路面设计规范。

2. 编制的沥青路面设计指南，基本具备了新规范的雏形，可逐步推广，指导和改进新建沥青路面的设计工作，具有很好的应用前景和应用价值。

2. 轻型高速公路节地关键技术研究

一、第一完成单位

中交公路规划设计院有限公司

二、参加单位

1. 北京工业大学
2. 吉林省交通规划设计院

三、主要完成人

周海涛、王晓良、赵君黎、周占宇、周育峰、马栋栋、胡江碧、胡珊、冯莨、林国涛、刘洪洲、陈丽红、刘文涛、吴玉涛、李文杰、杨学良、付佳伟、刘晓娣、李建华、黄俊、郭宏伟、李安、李洪印、高巨田、李晓刚、曾邵武、李会驰、王仕杰、徐学明、张育宏、张志刚、王维利、张寿然、李智武、吴林、柳俊杰、朴忠源、王艳军、王刚、程海帆、崔洪海、韩阳军、胡国海、王汀、张弛、吕大邦、邢维亮。

四、项目简介

项目紧密结合轻型高速公路指标体系研究和轻型高速公路节约用地两个主题，以国家交通发展和建设资源节约型、环境友好型行业的理念为主导思想，系统地开展了轻型高速公路技术指标及其节地技术的研究，首次提出了轻型高速公路主要技术指标体系，给出了以适应交通量、纵断面、路基横断面、桥梁、隧道、互通立交、服务设施要素为主的轻型高速公路关键技术指标表；基于

实测数据分析与仿真模拟两种方法，给出了轻型高速公路通行能力推荐值；根据小客车发动机外特性曲线，给出了其动力特性图，为研究轻型高速公路的设计指标提供了依据；建立了室内外驾驶工作负荷差异性修正模型和驾驶安全舒适性评价标准，发展了小客车行驶仿真模拟技术手段。研究表明，轻型高速公路可在资源、资金消耗最低的情况下，有效缓解交通拥堵，显著提高土地资源的单位效益。项目的开展对于体现节约化、集约化的交通发展理念，应对构建节能型、环保型、生态型交通的时代需求，完善我国各等级公路技术标准，引领行业技术发展进步等具有重要意义。

项目于 2011 年顺利结题，经交通运输部鉴定，总体达到国际领先水平。

五、技术创新

1. 首次提出了轻型高速公路主要技术指标体系，给出了以适应交通量、纵断面、路基横断面、桥梁、隧道、互通立交、服务设施要素为主的轻型高速公路关键技术指标表。

2. 基于实测数据分析与仿真模拟两种方法，给出了轻型高速公路通行能力推荐值；根据小客车发动机外特性曲线，给出了其动力特性图，为研究轻型高速公路的设计指标提供了依据。

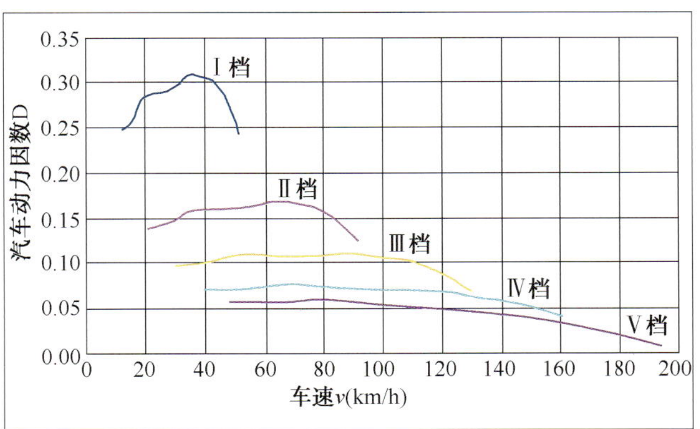

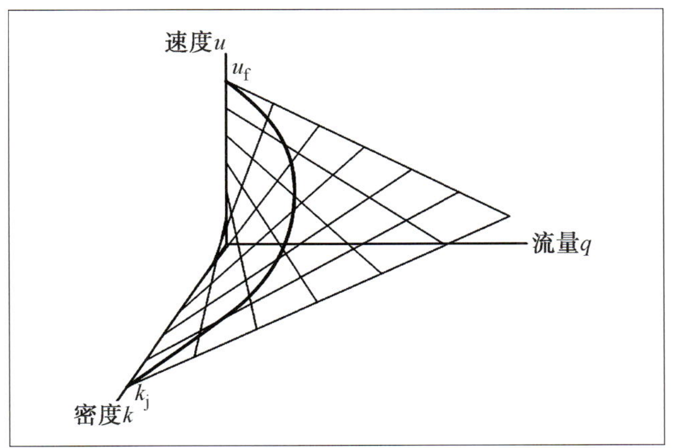

3. 建立了室内外驾驶工作负荷差异性修正模型和驾驶安全舒适性评价标准，发展了小客车行驶仿真模拟技术手段。

六、项目成果

项目发表技术论文 9 篇，其中 EI/ISTP 收录 6 篇；获得专利 2 项；出版专著 1 部。

七、推广应用

鉴于我国目前交通建设需求与土地资源有限之间的矛盾，轻型高速公路可在下述几种情况下发挥其节约用地的优势。

1. 既有高速公路扩建时，可采用增加小型车专用车道的方案，分流小型车辆，将既有高速公路专门用于大中货车及大客车通行，最大限度地发挥既有高速公路的设施能力。

2. 在土地资源非常宝贵的地区，建设轻型高速公路专供小型车使用，可解决小型车交通量猛增的实际需求。

3. 在机场高速公路等以小客车为主的公路方案设计时，可采用轻型高速公路的建设理念，提高土地利用率，提高通道通行能力。

4. 在建设城市快速干道或小区间道路时，可建设轻型高速公路。

5. 在现有高速公路上方架设轻型高速公路以满足未来以小型车为主的交通需求，可节约更多的土地。■

梅州端端墙式洞门

复杂地质条件下宽体公路隧道关键设计技术研究

一、第一完成单位

中交公路规划设计院有限公司

二、参加单位

1. 广东天汕高速公路有限公司
2. 北京交通大学

三、主要完成人

刘洪洲、张连成、黄俊、刘保国、何伟宏、王勇、邱钰、钱文斐、罗伟平、陈佳、罗永忠、蒋勇军、李翔、宋瑞刚、王廷伯。

四、项目简介

2004 年，中国交通建设股份有限公司批准了复杂地质条件下宽体公路隧道关键设计技术研究

"公路隧道现场监测信息处理系统"登录界面图

龙岩端削竹式洞门

项目。课题以"天（津）汕（尾）国家重点公路蕉岭广福至梅县城东段"广福隧道为依托，提出了超宽体隧道、宽体隧道的概念与内涵；提出了双洞八车道小间距公路隧道复合式衬砌结构设计要点和施工方法；基于工程实践，建立了[BQ]法和RMR围岩分级法之间的对应关系；基于Windows下Access数据库的存储与管理功能，利用Java语言自主研发了内容较完善的公路隧道现场监测信息处理系统；采用二维流变计算方法对复杂地质条件下宽体公路隧道围岩与衬砌结构体系的长期稳定性进行了预测，解决了复杂地质条件下宽体公路隧道的诸多技术难题；编制的《复杂地质条件下宽体公路隧道设计与施工技术指南》具有很大的推广应用价值。

项目于2007年顺利结题。

五、技术创新

1. 首次提出了超宽体隧道、宽体隧道的概念与内涵。

2. 首次提出了双洞八车道小间距公路隧道复合式衬砌结构设计要点和施工方法。

3. 首次采用二维流变计算方法，对复杂地质条件下宽体公路隧道围岩与衬砌结构体系的长期稳定性进行了预测。

4. 建立了[BQ]法和RMR围岩分级法之间的对应关系。

5. 编制了《复杂地质条件下宽体公路隧道设计与施工技术指南》。

6. 基于Windows下Access数据库的存储与管理功能，利用Java语言自主研发了内容较完善的公路隧道现场监测信息处理系统。

六、项目成果

1. 编制了《复杂地质条件下宽体公路隧道关键设计技术研究报告》。

2. 编制了《复杂地质条件下宽体公路隧道设计与施工技术指南》。

3. 编制了"公路隧道现场监测信息处理系统"软件一套（V1.0）。

4. 在国内期刊、杂志、会议论文集上共发表10篇论文。

七、项目获奖

项目成果荣获中国公路学会科学技术三等奖、中交股份科学技术二等奖。

八、推广应用

课题成果已被国内、外多座隧道设计借鉴，主要有"塔吉克斯坦共和国杜尚别—霍洛格公路"沙尔—沙尔隧道、"太澳公路晋城—济源段"东耿窑等9座隧道、"上海—成都公路宜巴段"卧佛山和郑家垭特长隧道、"二广公路永州至蓝山段"观音岭等5座隧道以及"宁波穿山至好思房公路"望娘岗等5座隧道，对提升我国复杂地质条件下公路隧道总体建设水平具有重大推动作用。

1. 公路桥梁可靠度研究

一、第一完成单位

交通部公路规划设计院

二、参加单位

1. 西安公路交通大学
2. 湖南大学
3. 重庆交通学院
4. 吉林省交通科学研究所
5. 同济大学
6. 福建师范大学
7. 北方交通大学
8. 铁道部西南研究所
9. 山西省交通科学研究所
10. 湖南省交通科学研究所
11. 福建省交通科学技术研究所

三、主要完成人

李扬海、郑绍珪、鲍卫刚、逯一新、李正熔、赵顺昌、刘庆成、王建瑶、陈祥宝、郭修武、徐光辉、贡金鑫、徐岳、邹天一、李红镝、程翔云、李玉良、张士铎、张启伟、徐栋、王世忠、牟彪、洪瑞进、

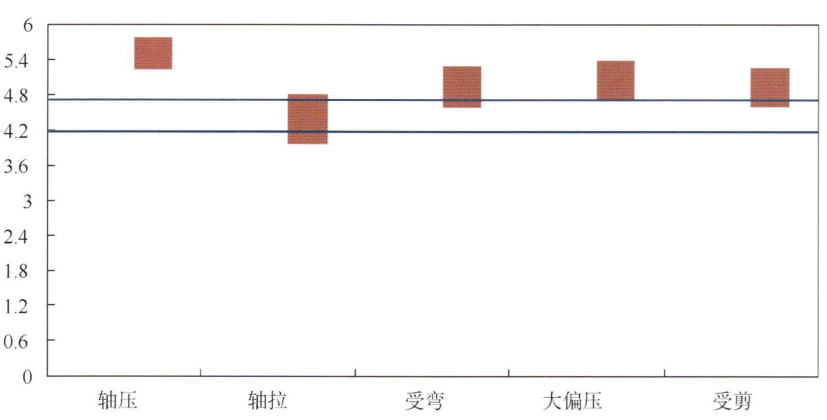

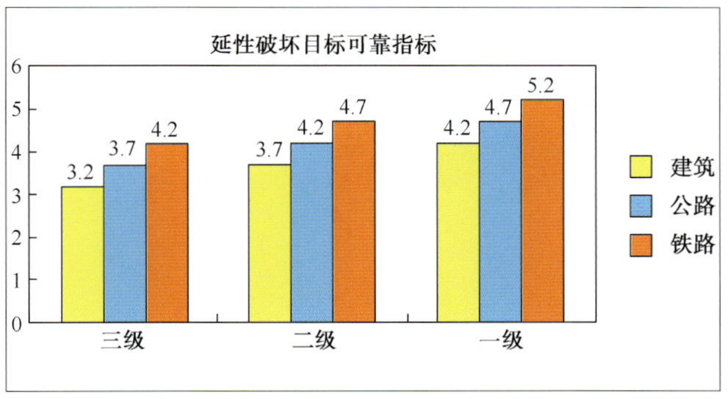

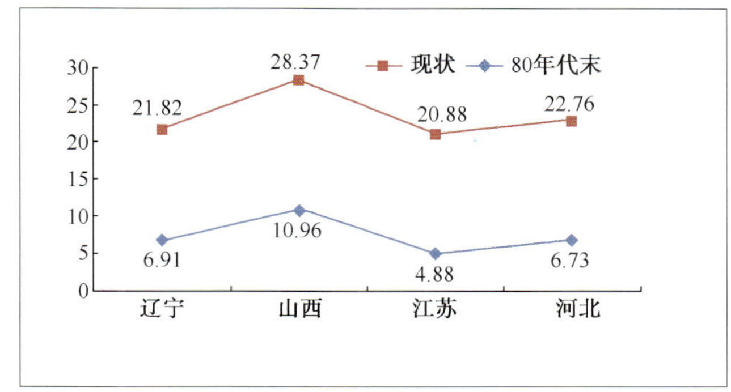

林忠民、陈英俊、邓勇等。

四、项目简介

本项目为国内首次针对公路桥梁开展系统的可靠度研究，历时7年。研究以大量的荷载调查和实际观测数据为基础，通过深入细致的概率分析计算；建立了公路桥梁恒载、车辆荷载、人群荷载、汽车冲击力与制动力、风荷载、温度作用等荷载的概率模型和统计参数；基于大量的材料性能调查和实测数据，通过全面的抗力分析，建立了各类构件的抗力模型和统计参数；在此基础上，通过对原规范的校准确定了公路桥梁的目标可靠指标，并确定了荷载和抗力分项系数、荷载组合系数，以及材料质量控制标准等成果。本项目获得的宝贵资料和分析结果直接支撑了国家标准《公路工程结构可靠度设计统一标准》（GB/T50283—1999）的编制，推动了我国公路桥梁设计规范由容许应力法向概率极限状态设计法的转变，实现了公路桥梁设计理论体系与国际的接轨，提升了我国公路桥设计规范的科学性和国际认可度。时至今日，本项目的研究成果在公路桥梁设计规范的编制中依然发挥着巨大的作用。

项目于1995年顺利结题，经交通部鉴定，总体达到了国际先进水平，部分成果达到了国际领先水平。

五、技术创新

1. 首次建立了公路桥梁各类荷载的概率分布函数及分位值取值。

2. 通过车辆荷载调查分析，建立了全新的汽车荷载标准模式。

3. 首次建立了结构构件抗力的概率分布类型和统计参数。

4. 根据公路桥梁荷载和结构抗力的概率分布类型和统计参数，经过对原规范的校准分析，优化确定了公路桥梁各类构件的目标可靠指标。

5. 根据确定的目标可靠指标及荷载、抗力统计资料，通过优化计算求得了荷载分项系数和组合系数、抗力分项系数，支撑了公路桥梁结构设计规范的“转轨”。

6. 根据确定的目标可靠指标，经过对材料性能的统计分析，建立了公路桥梁材料的质量方程和施工质量要求，为制定施工规范、质量检验标准提供了依据。

六、项目成果

项目发表多篇技术论文，出版专著1部，编制国家标准1部。

七、推广应用

项目成果直接应用于国家标准《公路工程结构可靠度设计统一标准》（GB/T50283—1999）的编制，构建了我国公路桥梁概率极限状态设计方法的基础，推动了公路桥梁结构设计方法的变革。基于本项目研究成果，编制了以《公路桥涵设计通用规范》（JTG D60—2004）、《公路钢筋混凝土及预应力混凝土桥涵设计规范》（JTG D62—2004）等设计规范为代表的第三层次规范，这些规范指导了我国近10年来的公路桥梁建设。■

2. 桥梁设计荷载与安全鉴定荷载的研究

一、第一完成单位

中交公路规划设计院有限公司

二、参加单位

1. 交通运输部公路科学研究所
2. 同济大学
3. 长安大学
4. 大连理工大学
5. 重庆交通大学
6. 内蒙古大学

三、主要完成人

逯一新、张喜刚、张劲泉、赵君黎、张启伟、胡大琳、贡金鑫、徐国平、邹筑煜、冯苠、 陈惟珍、贺拴海、王春生、程寿山、李文杰、徐栋、王智远、周勇军、何海芳、翟慧娜、黄李骥、王秀伟、赵艳华、李会驰、杜柏松、徐俊、李艳丽、刘晓娣、李雪、李红镝、樊平、王茜、杨晓燕、刘芸芸、王玉娇、刘战、徐凯 郑绍珪、李扬海、陈洪彬、储彤、王志平、王丽萍、周水兴、严博翀、冯云芬、张娟、金红亮、张大伟。

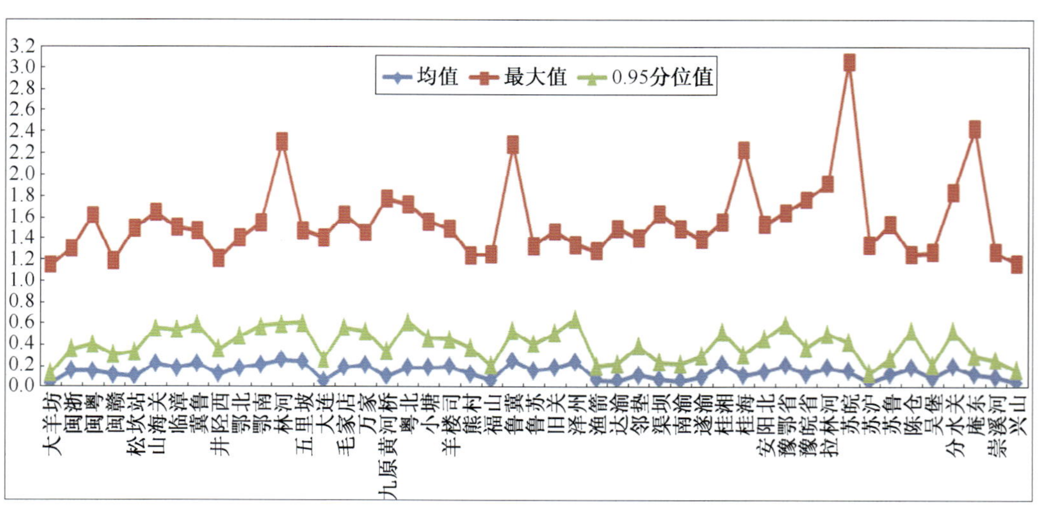

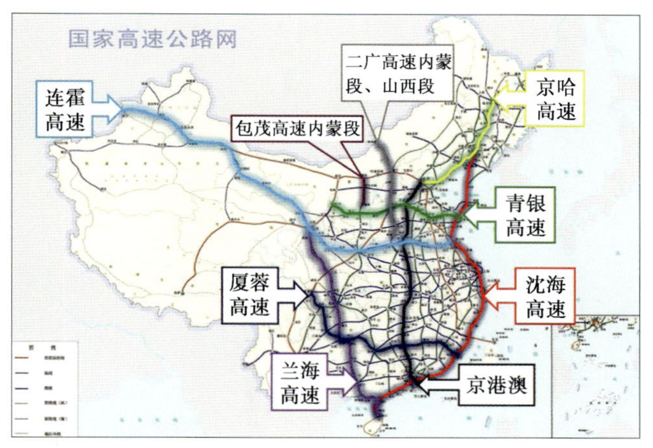

四、项目简介

项目针对公路桥梁汽车荷载，开展了系统深入的研究，对比了中国、美国和欧盟等国公路桥梁设计规范的荷载标准和安全设置水平，明确了我国公路桥梁设计汽车荷载标准的水准；开展了全国范围的公路桥梁车辆荷载调研，建立了全国汽车荷载数据库；利用实测数据和可靠度理论，对汽车荷载标准值、分项系数、冲击系数、纵横向折减系数和组合系数进行了深入分析，提出了相应的修订建议；利用实测数据研究得出了疲劳荷载模型、安全鉴定荷载模型和实验模型车辆。项目成果为修订完善公路桥梁设计汽车荷载标准和安全鉴定汽车荷载标准等相关技术规范提供技术支撑。

项目于2012年顺利结题，经交通运输部等鉴定，总体达到国际先进水平。

五、技术创新

1. 首次系统研究了中、美、欧桥梁规范的安全性，从汽车荷载标准、分项系数、荷载效应、材料抗力以及安全储备和可靠指标全方位的进行了对比，明确了我国公路桥梁设计汽车荷载标准的地位。

2. 在全国23个省市69个公路测站实测汽车荷载数据的基础上，首次建立了2011年度全国车辆荷载谱，为公路桥梁荷载标准、路面设计车辆荷载标准研究等项目奠定了基础。

3. 首次提出了我国公路桥梁汽车荷载年度特征统计参数，明确了我国公路桥梁设计汽车荷载标准与调研年度实际运营车辆荷载情况的适应性。

4. 首次提出了确定公路桥梁设计汽车荷载标准的4种方法：规范环比法、概率统计法、历史经验法、法律法规法。

5. 首次提出了既有桥梁安全鉴定汽车荷载标准的模型及相关参数。

6. 首次提出了桥梁运营期汽车荷载安全状态的评价方法。

7. 提出了既有桥梁安全鉴定试验加载车辆的模型及相关参数。

六、项目成果

项目发表技术论文23篇，其中EI/ISTP收录6篇；出版专著1部；修编国家标准1部、行业标准规范2部。

七、推广应用

1. 项目成果在山西临吉高速公路、广东虎门二桥、泰州长江大桥的设计和乌海黄河大桥的运营管理中得到了成功应用。

2. 项目部分研究成果已纳入《公路工程结构可靠性设计统一标准》（GB/T 50283）、《公路工程技术标准》（JTG B01）、《公路桥涵设计通用规范》（JTG D60）的修编中。■

3. 欧洲规范统一标准编译研究

一、第一完成单位

中交公路规划设计院有限公司

二、参加单位

大连理工大学

三、主要完成人

赵君黎、冯苠、刘晓娣、许航、吴重男、吴洪波、黄李骥、张朝贵、李雪、陈建红、 林道锦、袁伦一、李琼、梅刚、翟慧娜、李文杰、李会驰、贡金鑫等。

四、项目简介

欧洲统一规范是包含欧洲28个国家共同遵守的建筑产品统一标准规范，现行的欧洲统一规范包括EN1990～EN1999等10个编号的规范系列共58种。欧洲统一规范为国际上最多的国家共同遵守并使用，它采用了统一的结构标准规范和国家前言与附录相结合的模式编写，符合全球化经济市场的发展需要，是未来国际工程结构标准规范的主要发展方向。

本课题是2006年我公司立项的科技项目，该项目由标准规范室组织实施，发动了院里包括大桥室、国际办、道交事业部等相关部门协助开展了大量翻译工作，并且大多数规范的翻译都是相关生产部门的技术人员甚至领导利用生产项目工作之余的时间完成的。体现了我公司内部团结协作、不断创新的工作精神。

项目于2010年完成了所有规范翻译以及研究报告的验收。

五、技术创新

1. 在国内首次对欧洲统一标准中的桥梁设计规范进行了系统性的翻译，为我公司开展的国内外大型桥梁的设计提供了参考和技术支持。

2. 对中、欧桥梁设计规范体系、汽车荷载、温度作用、抗震设计等内容进行了对比分析，为相关规范的修订提供了参考。

六、项目成果

项目对欧洲规范体系中有关桥梁设计的29本规范进行了翻译，并且开展的欧洲规范和中国桥梁设计规范相关规定进行的对比研究，形成了4份中欧规范对比研究报告。

七、推广应用

翻译及研究成果在国内外多座大桥中得到应用，并且为相关行业规范的编制提供了参考，具有显著的社会与经济效益。■

4. 公路桥梁板式橡胶支座标准图

一、第一完成单位

中交公路规划设计院有限公司

二、主要完成人

赵君黎、冯苠、郑学珍、李扬海、刘晓娣等。

三、项目简介

本课题为 2009 年我公司立项的院科技项目。项目旨在满足公路桥梁工程建设需要，补充现有板式橡胶支座规格系列，方便设计人员选用，同时为支座生产厂家提供技术指导。项目完成了普通矩形 GJZ、圆形 GYZ 板式橡胶支座和四氟滑板矩形 GJZF4、GYZF4 圆形板式橡胶支座各种规格系列的设计图纸。

项目于 2010 年顺利结题，并通过公司专家委员会的鉴定。项目研究成果向球型支座生产厂家进行了技术转让，取得了很好的经济效益。

四、技术创新

在国内首次提出与现行设计标准相配套的生产配套图纸。

五、项目成果

该项目成果全面考虑了公路桥梁建设的实际需要，更方便了广大设计人员选择，避免了繁杂的设计过程，尤其对因技术力量薄弱自主设计系列图纸存在一定难度的加工生产工厂提供了技术指导。

六、推广应用

该项目完成后对国内十余家支座生产厂家进行了技术成果转让，取得了良好的经济效益，项目成果也得到了推广应用。■

公路桥梁矩形、圆形平板式橡胶支座

规 格 系 列 设 计 图

（执行标准 JTGD62-2004、JT/T4-2004、JT/T663-2006）

中交公路规划设计院有限公司

2010 年 04 月 北京

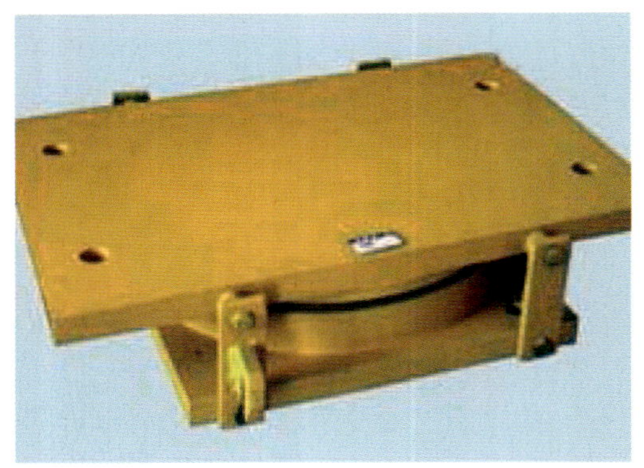

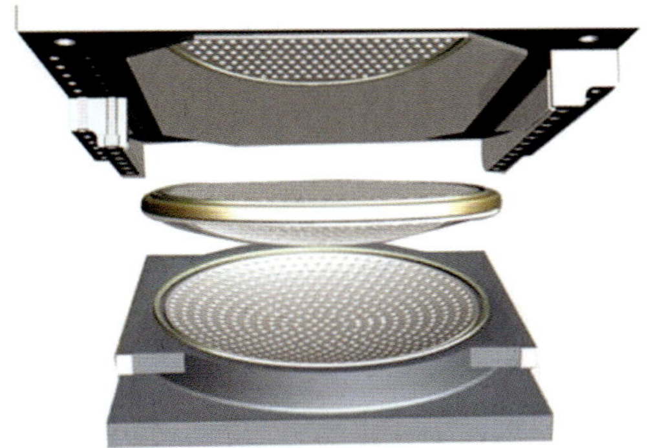

5. 公路桥梁球型支座标准图

一、第一完成单位

中交公路规划设计院有限公司

二、主要完成人

赵君黎、冯苠、郑学珍、李扬海、刘晓娣等。

三、项目简介

本课题为 2009 年我公司立项的科技项目。主要目的是为适应我国桥梁工程建设的发展，急需与桥梁新规范、新标准相配套的球型支座设计图纸，以满足公路桥梁工程建设需要，并填补我国公路在球型支座系列设计上的空白。

项目于 2010 年顺利结题，并通过公司专家委员会的鉴定。项目研究成果向球型支座生产厂家进行了技术转让，完成了科技技术成果向生产效益的良好转化。

四、技术创新

在国内首次研发了与国家标准《桥梁球型支座》GB/T 17955 相配套的 GQZ 系列球型支座生产配套图纸。

根据设计图纸提出了 GQZ 系列球型支座规格，为广大设计人员选用提供了便利。

五、项目成果

项目完成了设计承载力范围在 1000 ~ 60000kN 范围内的单向、双向和固定球型支座 30 种规格等各类球型支座大约 1050 种规格尺寸标准和设计图纸。

该项目成果全面考虑了公路桥梁建设的实际需要，更方便了广大设计人员选择，避免了复杂的设计过程，尤其对因技术力量薄弱自主设计球型支座系列图纸存在一定难度的加工生产工厂提供了技术指导。

六、推广应用

该项目完成后对国内 13 家球型支座生产厂家进行了技术成果转让，取得了良好的经济效益，同时项目成果得到了推广应用。■

（三）咨询、评估类

1. 桥梁

序号	论文名称	第一作者	发表时间
1	公路桥梁工程安全风险关注点及风险评估现状	张杰	2012 年
2	长大型桥梁船撞安全风险概率评估方法	冯清海	2011 年
3	基于 IDA_MC 的桥梁地震风险概率评估方法	冯清海	2010 年
4	公路桥隧工程风险评估	张喜刚	2010 年
5	Evaluation of Seismic Performance of Long Span Continuous Girder Bridges in regions with IX Intensity	李贞新	2009 年
6	Study on Safety Risk Assessment Technology for Large Span Highway Bridges	刘高	2009 年

2. 隧道

序号	论文名称	第一作者	发表时间
1	隧道衬砌结构裂损机理及定量评估	宋瑞刚	2010 年
2	华蓥山隧道复合式衬砌的支护抗力评估	马建宏	2003 年

（四）科研、标准规范类

1. 桥梁

序号	论文名称	第一作者	发表时间
1	Full–scale Fatigue Tests of a Steel Orthotropic Deck	唐亮	2013 年
2	Advances of Orthotropic Bridge in China	张喜刚	2013 年
3	Dynamic Analysis and Vibration Reduction Control for Structure with MTMD under Wave Action	陈上有	2013 年
4	Numerical Study of Wave–Current Coupling Action on Bridge Structure	刘天成	2013 年
5	强涌潮急流水域桥梁基础方案设计	王仁贵	2013 年
6	公路桥梁性能设计与长期性能探讨	赵君黎	2013 年
7	行波效应对多塔斜拉桥地震响应的影响	林道锦	2013 年
8	多塔斜拉桥力学性能研究	林道锦	2013 年
9	主跨 3500m 碳纤维增强塑料（CFRP）主缆悬索桥研究及原型设计	刘明虎	2013 年
10	基于能量的桥梁船撞力计算方法	冯清海	2013 年
11	钢桥面板顶板年纵肋连接接头的疲劳性能	王秀伟	2013 年
12	中国公路桥梁汽车荷载标准适应性研究	李文杰	2013 年
13	独柱墩箱梁桥倾覆稳定性验算方法研究	李会驰	2013 年
14	钢锚梁壁板剪力钉抗拔承载力分析	门永斌	2013 年
15	无格室—承压板钢—混凝土结合部力学模型及简化计算方法	张喜刚	2013 年
16	混凝土箱梁桥的空间效应及分析方法综述	赵君黎	2013 年
17	悬索桥主缆索股在散索鞍内的稳定性分析	常志军	2013 年
18	碳纤维桥梁加固的试验与研究	路飞	2013 年
19	大跨度斜拉桥分析软件的几个关键问题研究	吴宏波	2013 年
20	桥梁墩台开挖对边坡的影响及治理措施	李宝坤	2013 年
21	公路长大桥梁安全控制与防灾减灾设计技术	张喜刚	2013 年
22	高速公路桥梁设计与应用探究	潘培珠	2013 年
23	桥梁状态检测与智能网络故障诊断系统的研究	吴宽	2013 年
24	基于性能的公路桥梁结构设计规范研究	赵君黎	2013 年
25	基于贝叶斯谱密度法的非线性桥梁结构动力系统模型参数修正	唐洪亮	2012 年
26	正交异性钢桥面板顶板贯穿型疲劳裂纹研究	唐亮	2012 年
27	Research on the Seismic Performance of the Super Longest Segmental	李贞新	2012 年
28	大跨度钢连续梁线形几何控制法	王志诚	2012 年
29	吊杆拱桥安全设计探讨	杨晓滨	2012 年

续上表

序号	论文名称	第一作者	发表时间
30	公路桥梁安全与耐久问题探讨	赵君黎	2012 年
31	海洋环境混凝土桥梁耐久性研究	杨晓滨	2012 年
32	千米级斜拉桥施工期应力调控措施研究	王振海	2012 年
33	谈十天高速公路安康东段桥梁布设	高全明	2012 年
34	浅议双向偏心受压构件正截面受压承载能力计算方法	邓科	2012 年
35	组合结构的索塔锚固区受力及结构特点研究	刘昌鹏	2012 年
36	PBL 剪力连接件破坏形态的试验研究	王振海	2012 年
37	考虑混凝土中性化的耐久性寿命预测研究	常晶	2012 年
38	大跨径现浇简支预应力混凝土箱梁设计、施工及静载试验	周登燕	2012 年
39	Energy Dissipation of Super–Long–Span Cable–Stayed Bridge Using Metal Alloy Brace	刘昌鹏	2011 年
40	Research on the Structural System of Kilometer–scale Cable–stayed Bridges	刘昌鹏	2011 年
41	Simulation and Analysis of Coupled Vibration of Monorail Train– bridge–road Vehicle System	陈上有	2011 年
42	正交异性钢桥面板横梁弧形切口周边应力分析	唐亮	2011 年
43	大跨度斜拉桥静风失稳特性研究	赵凯	2011 年
44	大跨径悬索桥主缆安全系数的研究	徐军	2011 年
45	港珠澳大桥设计技术标准研究—设计寿命的确定及对策	徐军	2011 年
46	基于车辆动态仿真实验的公路桥梁路缘石合理高度研究	冯苠	2011 年
47	基于减隔震设计的大跨度连续梁桥抗震性能评价	李贞新	2011 年
48	基于能量吸收理论的桥梁船撞动力模拟分析方法	冯清海	2011 年
49	特大跨度斜拉桥初步地震易损性分布趋势	冯清海	2011 年
50	装配式梁桥高墩计算长度系数探讨	齐宏学	2011 年
51	A Study on a CRIO–based Monitoring and Safety Early Warning System for Large Bridge Structures	李娜	2010 年
52	Pile Groups Analysis in Layered Elastic Half–space	付佰勇	2010 年
53	Research and Implementation for The Distributed Bridge Structure Monitoring System Based on IEEE 1588 Protocol	刘芳亮	2010 年
54	坝陵河大桥钢桁加劲梁主桁架整体节点疲劳试验	刘高	2010 年
55	大跨度钢桁拱桥拱桁交叉节点疲劳试验研究	李贞新	2010 年
56	大跨悬索桥抖振内力响应分析	刘高	2010 年
57	分体式钝体双箱钢箱梁斜拉桥节段模型风洞试验研究	刘高	2010 年
58	钢—混凝土组合梁极限抗扭研究进展	唐亮	2010 年
59	混合梁斜拉桥钢混结合部的合理位置	唐亮	2010 年
60	基于 CompactRIO 的大型桥梁结构安全监测系统研究	周兵	2010 年
61	有格室—后承压板结合部构造的结构特性研究	唐亮	2010 年
62	公路大跨径预应力混凝土桥梁设计指南成果简介	张喜刚	2010 年
63	“5.12”汶川地震后的桥梁规范教训及修编介绍	李贞新	2010 年
64	大跨度公轨两用桥拱桁交叉节点疲劳试验研究	李贞新	2010 年
65	大跨度斜拉桥不同模拟方法对结构特性及响应的影响	陈健蕾	2010 年
66	大跨径混合梁斜拉桥合拢技术研究与实践	刘明虎	2010 年
67	地下连续墙基础在刚架拱桥优化设计中的应用	陈虎成	2010 年
68	鄂东大桥宽幅混凝土箱梁防裂措施研究与应用	陈虎成	2010 年
69	钢—混凝土结合部在桥梁结构中应用新进展	徐国平	2010 年
70	千米级斜拉桥结构特性及体系研究与成果推广应用	张喜刚	2010 年
71	时程分析法在大蒲春河特大桥主桥抗震验算中的应用	林涛	2010 年
72	依托桥墩台提高超载连续梁桥运行能力研究	刘永波	2010 年
73	中美欧规范中的抗、防船撞规定解读	赵君黎	2010 年
74	柱下九桩厚承台承载性能试验研究	过超	2010 年
75	公路桥涵地基承载力计算的相关问题探讨	刘永波	2010 年
76	层状弹性半空间中群桩竖向沉降简化分析	付佰勇	2010 年
77	基于最小二乘算法的测试系统研究	周兵	2010 年
78	逆作复合桩基承载性能试验研究	过超	2010 年
79	公路桥梁风险事件与设计规范改进建议	赵君黎	2010 年

续上表

序号	论文名称	第一作者	发表时间
80	基于 RDL 的桥梁结构安全监测系统数据报表的研究	张晓斌	2010 年
81	舟山连岛工程西堠门、金塘大桥运营监测系统预警评估体系研究	郑春	2010 年
82	IEEE1588 协议在桥梁监测系统中的应用	刘芳亮	2010 年
83	基于 IEEE 1588 的时钟同步服务器的研究与实现	刘芳亮	2010 年
84	Dynamic Response of Bridge Tower by Wave Forces	刘高	2009 年
85	Evaluation of Seismic Performance of Long Span Continuous Girder Bridges in Regions with IX Intensity	李贞新	2009 年
86	Extended Lattice Boltzmann Method with Application to Predict Aerodynamic Loads of Long Span Bridge	刘天成	2009 年
87	Extension of POA based on Fiber Element to Girder Bridge	李贞新	2009 年
88	Fatigue Test on Integral Joint of the Main Truss of the Baling River Bridge	刘高	2009 年
89	Life–Cycle Based Design Strategies and Approaches of Bridges	马军海	2009 年
90	坝陵河大桥钢桁加劲梁施工架设方案研究	刘高	2009 年
91	从过桥车辆响应中识别桥梁结构基本自振频率的方法	陈上有	2009 年
92	桥梁断面静风荷载的格子 Boltzmann 方法数值计算	刘天成	2009 年
93	西堠门大桥索塔风致结构内力响应研究	刘高	2009 年
94	A new Method for modeling spatial prestressing bars	李毅	2009 年
95	Damage to Bridge Engineering During Ms 8.0 Earthquake in Wenchuan	邬都	2009 年
96	Extension of POA Based on Fiber Element to Girder Bridge	李贞新	2009 年
97	Influence Factor Analysis of POA based on River–Spanning Approach Bridge	李贞新	2009 年
98	坝陵河大桥钢桁加劲梁主横桁架焊接整体节点疲劳试验	刘高	2009 年
99	公路桥梁抗震设计规范修订原则的初步设想及关键技术研究（含长大桥梁）	李贞新	2009 年
100	基于 IDA 的钢筋混凝土桥墩随机地震响应概率特征分析	冯清海	2009 年
101	跨海桥梁基础冰荷载计算探讨	陈虎成	2009 年
102	苏通大桥主桥结构体系研究	张喜刚	2009 年
103	斜拉桥拉索断裂效应的计算研究	陈文明	2009 年
104	中国大跨径公路桥梁设计规范关键问题探讨	赵君黎	2009 年
105	桩基逆作法桥梁深水基础应用研究	徐国平	2009 年
106	沉箱—钢管桩逆作法复合基础试验	过超	2009 年
107	钢筋混凝土适筋板式构件的抗扭刚度	唐亮	2009 年
108	Flutter Control of Suspension Bridges by Winglets	刘高	2008 年
109	悬链线无铰肋拱桥的抗震性能分析	刘重霄	2008 年
110	Extended Lattice Boltzmann Equation for Simulation of Flows around Bluff Bodies in High Reynolds Number	刘天成	2008 年
111	基于 Lattice Boltzmann 方法的方柱绕流模拟	刘天成	2008 年
112	地基与基础设计规范地下连续墙编制介绍	刘明虎	2008 年
113	Ship Impact Protection System of Sutong Yangtze River Bridge	袁洪	2007 年
114	公路钢结构桥梁的疲劳设计研究	王斐	2007 年
115	灰岩溶洞区桩基处理实例	孙增奎	2007 年
116	Mechanism of Flutter Control of Suspension Bridge by Winglets	刘高	2006 年
117	连续梁桥纵向抗震装置的比较研究	王麒	2006 年
118	青岛海湾大桥首级控制网高精度 GPS 数据处理	曾旭平	2006 年
119	GPS 精密定位技术在首级平面控制网中的应用	曾旭平	2006 年
120	气动翼板抑制悬索桥颤振的物理机理	王秀伟	2005 年
121	Time Domain Buffeting Analysis of Long Suspension Bridges under Skew Winds	刘高	2004 年
122	Structural Internal Force Prediction of a Suspension Bridge due to Buffeting	刘高	2004 年
123	Structural Internal Force Prediction of Long Suspension Bridges due to Buffeting	刘高	2004 年
124	部分斜拉桥结构性能研究	陈虎成	2004 年
125	黄土地区大跨径桥梁地下连续墙和箱形基础应用研究的思路和技术路线	孟凡超	2004 年
126	武汉阳逻长江大桥南锚碇基坑工程支护结构计算分析	刘明虎	2004 年
127	乌海黄河大桥冰凌情况初步研究介绍	赵君黎	2004 年
128	改善矮主墩连续刚构结构受力的措施及可行性探讨	刘明虎	2004 年
129	QJX 与 ANSYS 程序对环向预应力计算结果的分析比较	王文斌	2003 年

续上表

序号	论文名称	第一作者	发表时间
130	对混凝土桥梁裂缝的认识	彭宝华	2003 年
131	公路桥梁板式橡胶支座使用中应注意的问题	郑学珍	2003 年
132	论多塔斜拉桥的刚度	郑春	2002 年
133	钢筋混凝土连续箱梁桥裂缝分析	高东明	2002 年
134	武汉军山长江大桥异型钢围堰应力监测与分析	刘明虎	2001 年
135	钢筋混凝土构件可靠度分析	郑绍珪	2001 年
136	宽幅扁平钢箱梁设置纵隔板的作用分析	裴岷山	2001 年
137	人工地层冻结技术及其在桥梁中的应用	刘明虎	2000 年
138	桩基结构模拟方法	袁洪	2000 年
139	特大型桥梁首级控制网 GPS 与常规观测数据的联合处理	曾旭平	2000 年
140	公路桥梁车辆荷载纵横向折减系数研究	鲍卫刚	1995 年

2. 道路

序号	论文名称	第一作者	发表时间
1	刚性桩复合地基受力分析及设计方法的研究	张卫国	2013 年
2	浅谈水泥混凝土路面“白改黑”设计	彭文顺	2013 年
3	单体滑坡多因素分析研究现状	王瑞青	2013 年
4	预应力锚杆框架在高速公路高边坡中的应用	彭文顺	2013 年
5	山区高速公路滑坡病害防治	刘刚	2013 年
6	地下采矿条件下坡体移动变形分析	王瑞青	2013 年
7	有限元强度折减法在边坡稳定性分析中的运用	陈多才	2013 年
8	浅析广西钦州某工程地质灾害危险性评估	陈历新	2013 年
9	不同土质条件下的基坑渗流特性分析	何爽	2013 年
10	LRFD 法在桩基侧阻力计算中的应用	韩亚明	2013 年
11	放坡条件下有限土体土压力数值分析	刘鑫	2013 年
12	岩体参数对边坡稳定性影响敏感性分析	吴胜仓	2013 年
13	浅析煤矿采空区对高速公路路线选线影响	陈洪涛	2012 年
14	温拌沥青混合料配合比设计研究及性能比较	袁光权	2012 年
15	援外项目中旧路改扩建常见问题探讨	王恒	2012 年
16	钢锚管在小型滑坡中的应用	彭程	2012 年
17	集料含泥量对沥青混合料路用性能影响的试验分析	赵薇	2012 年
18	沥青混凝土动态模量试验及 Witczak 预估模型验证	赵薇	2012 年
19	橡胶改性沥青存储稳定性及改善措施研究	吴奇峰	2012 年
20	注浆法在高速公路下伏采空区治理中的应用	王恒	2012 年
21	Effect of Lane Width on Traffic Performance in Exclusive Car Lane	马栋栋	2011 年
22	对公路软基常用处理方法简介	高海男	2011 年
23	浅谈高速公路填石路堤及施工控制	高海男	2011 年
24	轻型高速公路车辆荷载研究	冯苠	2011 年
25	小客车交通条件下车道宽度对通行能力的影响	马栋栋	2011 年
26	轻型高速公路互通立交匝道横断面技术指标研究	林国涛	2010 年
27	我国治理超限超载存在的问题之深层次原因分析	王仕杰	2010 年
28	公路设计新理念下多肢互通式立体交叉方案研究	王维昭	2009 年
29	骨架密实型水泥稳定碎石基层的施工质量控制	袁光权	2009 年
30	Performance Test and Design of Crack Alleviating Mixture(CAM)	王维昭	2009 年
31	轻型高速公路基本通行能力研究	吴玉涛	2008 年
32	构造深度在沥青混合料离析评价中的应用	袁光权	2008 年
33	沥青混凝土路面结构组合的特性和选用原则	杨学良	2007 年
34	高速公路改扩建项目经济评价方法探讨	吴玉涛	2006 年
35	沥青路面温度场与结构耦合的有限元分析	杨学良	2006 年
36	青藏高原多年冻土区站场路基与普通宽度路基的试验分析	邹泽雄	2006 年
37	沙漠地区路面典型结构研究	李健华	2006 年

续上表

序号	论文名称	第一作者	发表时间
38	Knowledge Discovery from Landslide Monitoring Database Based on Cloud Model	曾旭平	2006 年
39	路面表面特性与汽车油耗关系研究	周育峰	2005 年
40	岩质边坡稳定性分析中极限平衡法与有限元法的对比	孙增奎	2005 年
41	空间集聚与扩散理论在高速公路规划网中的应用	孙时金	2004 年
42	青藏铁路多年冻土区路堤变形的数值模拟与预测	孙增奎	2004 年
43	公路导线测量技术要求探析	栗志海	2003 年
44	公路通行能力的再探讨	孙时金	2003 年
45	边坡稳定性的可靠度分析	周育峰	2003 年
46	土工合成材料在公路软基处理中的应用与设计	郭大华	2001 年
47	高等级公路工程滑坡的治理	刘伯莹	2000 年
48	公路通行能力的测算和车速—流量关系的建立	张剑飞	1997 年

3. 隧道

序号	论文名称	第一作者	发表时间
1	Numerical Analysis of Consolidation of Soft Soils Fully—penetrated by Deep—mixed Columns	姜岩	2013 年
2	Deformation Characteristics Research on Gravel Bed for Deep Buried IMMERSE Tunnel	王勇	2013 年
3	城市交通节点多层立交隧道设计关键技术	黄俊	2013 年
4	盾构隧道内部双层预制车道结构设计技术	黄俊	2013 年
5	Janbu 切线模量沉降计算方法及参数取值初探	徐国平	2013 年
6	海中沉管隧道回填防护设计的讨论	林巍	2013 年
7	富水软土环境城市交通节点多层立交隧道设计技术	黄俊	2013 年
8	软塑地层浅埋暗挖隧道下穿 220KV 电缆沟设计技术	黄俊	2013 年
9	水下公路隧道最大纵坡取值研究	张志刚	2013 年
10	公路沉管隧道的发展及其关键技术	张志刚	2013 年
11	盾构隧道内部双层结构快速化施工方法技术研究	黄俊	2013 年
12	外海深埋沉管隧道基槽水下边坡设计与稳定性分析	王勇	2013 年
13	高海拔地区公路隧道网络通风仿真与优化分析	张维	2013 年
14	双层盾构隧道侧向排烟通道隔墙预制化设计技术	黄俊	2013 年
15	大直径盾构隧道双层车道预制结构荷载试验研究	黄俊	2013 年
16	城市交通隧道夹空层空间利用节能技术研究	黄俊	2013 年
17	Comparative Analysis on the Seismic Performance of the Segmental and Monolithic Super Longest Immersed Tunnel	徐国平	2012 年
18	大直径盾构隧道内部双层结构预制化设计技术研究	黄俊	2012 年
19	关于沉管隧道管节干舷计算及允许值的研究	林巍	2012 年
20	锚索抗滑桩的受力分析及在隧道边坡治理工程中的应用	佟强	2012 年
21	桃子窝隧道仰坡滑移与衬砌开裂病害分析	周文旭	2012 年
22	特长海底公路隧道排烟孔数模分析及优化	胡金平	2012 年
23	岩溶隧道突泥机制与防治技术研究	林国涛	2012 年
24	大直径竖井井口段施工过程受力性状分析	胡金平	2012 年
25	利用声波速度估算岩体不同深度的平均渗透系数	黄俊	2012 年
26	砂卵石地层盾构刀盘选型探讨	黄清飞	2012 年
27	隧道火灾自动报警技术的比较与选用	刘晶晶	2012 年
28	隧道电力监控数据的传输	赵海涛	2012 年
29	盾构法隧道下穿既有地铁线风险及其控制措施	李翔	2011 年
30	浅谈 TBS 防护技术在边坡防护上的应用	高海男	2011 年
31	Study on Lining Split Mechanism and the Quantitative Assessment of Railway Operation Tunnel	宋瑞刚	2009 年
32	连拱隧道地形偏压临界覆土厚度的研究	朱正国	2009 年
33	航道疏浚对海底盾构隧道纵向稳定性的影响研究	黄俊	2007 年
34	重叠隧道上覆地层变形规律分析	黄俊	2007 年
35	对浅埋偏压条件下大拱连拱隧道合理开挖工序的探讨	钱文斐	2007 年

续上表

序号	论文名称	第一作者	发表时间
36	山岭区连拱隧道研究现状	钱文斐	2007 年
37	岩体结构理想地质模型的建立	张志刚	2007 年
38	长大公路隧道通风网络仿真与应用研究	胡金平	2006 年
39	岩溶隧道溶洞顶板安全厚度智能预测模型	王勇	2006 年
40	城市浅埋隧道设计与施工方法研究	李勇	2006 年
41	大跨隧道洞口段施工监控量测与结构受力变形分析	王勇	2006 年
42	岩溶隧道溶洞顶板安全厚度预测模型	王勇	2006 年
43	连拱隧道研究现状	钱文斐	2005 年
44	水底隧道穿越风化槽技术及施工效应研究	黄俊	2005 年
45	圆形地下连续墙支护深基坑结构受力特点及对比分析	刘明虎	2005 年
46	隧道施工数值模拟及衬砌强度安全系数分析	王勇	2004 年
47	GPS 滑坡高程监测的数据处理问题	曾旭平	2004 年
48	南京疏港公路近距离路堑开挖对栖霞山铁路隧道结构的影响研究	刘洪洲	2003 年

（五）其他

序号	论文名称	第一作者	发表时间
1	Ultimate Shear resistance of Perfobond Rib Shear Connectors Based on a Modified Push–Out Test	王振海	2013 年
2	桥梁工程可持续发展设计理念与方法	张喜刚	2013 年
3	悬索桥全寿命周期成本预测与分析	于兴环	2013 年
4	物流园区发展战略的方法研究	徐学明	2013 年
5	地铁车站施工缝、变形缝及诱导缝成功做法	潘培珠	2013 年
6	浅谈经济增加值（EVA）在设计企业中的应用	吴益梅	2013 年
7	设计企业经营管理探讨	张楠	2013 年
8	公路工程施工图预算与招标清单预算编制方法的探讨	于兴环	2012 年
9	公路收费站 ETC 系统改造项目经济费用效益计算方法的研究	林小涵	2012 年
10	河北省茅荆坝（蒙冀界）至承德公路施工现场视频监控系统	陈小辉	2012 年
11	有关高速公路收费站的扩容改造工程管理初探	刘维明	2012 年
12	工程项目投资控制	王浪	2012 年
13	高速公路养护工程设计取费方法研究	李国文	2010 年
14	杭州湾跨海大桥的合理收费标准研究	马栋栋	2010 年
15	悬索桥主缆全寿命管理	郑春	2010 年
16	General Framework for Bridge Life Cycle Design	马军海	2009 年
17	桥梁上的风景园林艺术——景观生态学在桥梁上的应用	郑斐	2008 年
18	圣地亚哥 · 卡拉特拉瓦的桥梁艺术	郑斐	2007 年
19	地铁车站结构的防水施工	黄俊	2005 年
20	基于 SOM 网络的声图非监督分类	曾旭平	2004 年

1. 专著

序号	著作名称	作者／排名	出版单位	出版时间
1	厦门海沧大桥工程	刘明虎／参编	人民交通出版社	2000 年
2	中国土木工程指南（第二版）	吴玉涛／参编	科学出版社	2000 年
3	公路控制测量	栗志海	天津科学技术出版社	2001 年
4	斜拉桥	孟凡超／4	人民交通出版社	2002 年
5	缆索支撑桥梁——概念与设计	金增洪	人民交通出版社	2002 年
6	投资项目评估方法与实务	王燕／11	中国计划出版社	2003 年
7	高格桥梁景观	孟凡超／2	海潮摄影艺术出版社	2004 年
8	新理念公路设计指南	栗志海／4	人民交通出版社	2005 年
9	城市环境土工学	孙钧等著	上海科学技术出版社	2005 年
10	丹麦大带东桥 2006 年	金增洪	译著、内部使用	2006 年
11	公路工程手册（原书第 2 版）	徐学明／4	中国电力出版社	2007 年
12	公路工程定额应用释义	赵晞伟	人民交通出版社	2007 年
13	武汉阳逻长江公路大桥工程	刘明虎／编委	人民交通出版社	2008 年
14	千米级斜拉桥——结构体系、性能与设计	张喜刚／1、裴岷山／3、袁洪／4，刘高／8、吴宏波／14	人民交通出版社	2010 年
15	千米级斜拉桥设计指南	张喜刚／1、裴岷山／3、袁洪／4，刘高／13、吴宏波／16	人民交通出版社	2010 年
16	千米级斜拉桥设计与结构性能	张喜刚／1、袁洪／3、裴岷山／4，刘高／9、吴宏波／15	人民交通出版社	2010 年
17	超长群桩基础承载机理研究	张喜刚、刘高、吴宏波、黄李骥、过超、付佰勇	人民交通出版社	2010 年
18	组合索塔锚固结构研究	张喜刚、刘高、吴宏波、吴文明、张荟	人民交通出版社	2010 年
19	公路桥梁和隧道工程设计安全风险评估	张喜刚、徐国平、刘高、王华牢、赵君黎、张杰、刘学增、黄宏伟、马军海、冯苠、曹校勇、薛亚东	人民交通出版社	2010 年
20	桥梁船撞研究与工程应用	赵君黎、李雪、邢薇薇	人民交通出版社	2011 年
21	公路桥涵设计手册——悬索桥	孟凡超／主编，王仁贵／副主编，徐国平／副主编	人民交通出版社	2011 年
22	千米级斜拉桥长索制作、架设及减振技术	袁洪／2，许春荣／8，刘丽萍／13	江苏科学技术出版社	2011 年
23	千米级斜拉桥结构体及设计关键技术	张喜刚／1，裴岷山／2，刘高／9	江苏科学技术出版社	2011 年
24	海上独柱塔自锚式悬索桥	孟凡超／副主编，杨晓滨、王麒、陈文明、罗玮	人民交通出版社	2012 年
25	大跨径预应力混凝土梁桥设计施工技术指南	张喜刚、赵君黎、孔海霞、冯良平、刘高、冯苠、张朝贵、翟慧娜、刘晓娣、李扬海、郑绍珪、刘泽英	人民交通出版社	2012 年
26	鄂东长江公路大桥工程	刘明虎／副主编	人民交通出版社	2012 年
27	桥梁工程全寿命设计方法及工程实践	孟凡超、徐国平、刘高、马军海	人民交通出版社	2012 年
28	混合梁斜拉桥	徐国平／1、张喜刚／2、刘玉擎／3、刘明虎／4、赵灿晖／5、刘高／6	人民交通出版社	2013 年
29	轻型高速公路理论与探索	周海涛、王晓良、赵君黎、周育峰、周占宇等	人民交通出版社	2013 年
30	多塔连跨悬索桥技术研究	裴岷山／6、黄李骥／12	人民交通出版社	2013 年
31	公路桥梁汽车荷载标准研究	张喜刚、逯一新、赵君黎、冯苠、李文杰等	人民交通出版社	2014 年

2. 专利

序号	专利名称	专利人	时间
1	直梁连杆链条式桥梁伸缩装置	中交公路规划设计院有限公司	1995 年
2	桥梁用液体粘滞阻尼器的限位装置	中交公路规划设计院有限公司	2009 年
3	凸起块式桥梁基础消浪装置	中交公路规划设计院有限公司	2009 年
4	套筒式桥墩消浪装置	中交公路规划设计院有限公司	2009 年
5	一种用于桥塔的消浪结构	中交公路规划设计院有限公司	2009 年
6	一种用于提高钢桁梁悬索桥颤振稳定性的气动控制装置	中交公路规划设计院有限公司	2009 年
7	钢空腔沉箱—桩逆作法复合基础及施工方法	中交公路规划设计院有限公司	2009 年
8	桥梁应变信号调理器	中交公路规划设计院有限公司	2009 年
9	桥梁沉箱复合桩基础及其逆作建造方法	1. 中交公路规划设计院有限公司 2. 中交武汉港湾工程设计研究院有限公司	2010 年
10	一种大跨径斜拉桥支承体系	中交公路规划设计院有限公司	2010 年
11	自防眩式护栏	1. 山东高速青岛公路有限公司 2. 北京中路安交通科技有限公司 3. 中交公路规划设计院有限公司	2010 年
12	流线形钢—混凝土叠合箱梁	中交公路规划设计院有限公司	2010 年
13	开启式防撞护栏	1. 山东高速青岛公路有限公司 2. 北京中路安交通科技有限公司 3. 中交公路规划设计院有限公司	2010 年
14	基于 CAD 的桥梁病害管理系统及桥梁病害管理维护方法	中交公路规划设计院有限公司	2010 年
15	一种桥梁预制基础及其埋床法	中交公路规划设计院有限公司	2011 年
16	一种沉井与桩组成的桥梁复合基础及施工方法	中交公路规划设计院有限公司	2011 年
17	高能型钢梁柱式护栏	1. 北京中路安交通科技有限公司 2. 中交公路规划设计院有限公司	2011 年
18	以干燥空气制备站供气的悬索桥主缆除湿防腐系统	中交公路规划设计院有限公司	2011 年
19	一种钢桥桥面铺装结构及铺装方法	中交公路规划设计院有限公司	2011 年
20	一种新型基础支护结构	中交公路规划设计院有限公司	2011 年
21	一种用于提高钢桁梁悬索桥颤振稳定性的气动控制装置	中交公路规划设计院有限公司	2011 年
22	碳纤维索股内套管锥形粘结型锚具	中交公路规划设计院有限公司	2011 年
23	一种设置复合连接件的有格室混合梁结合部	中交公路规划设计院有限公司	2011 年
24	一种斜拉桥用斜拉索下锚头除湿防腐系统	中交公路规划设计院有限公司	2011 年
25	一种用于桥塔的消浪结构	中交公路规划设计院有限公司	2011 年
26	控制分体式钢箱梁桥梁的主梁涡激振动的隔栅结构	中交公路规划设计院有限公司	2012 年
27	桥梁用活动风障	中交公路规划设计院有限公司	2012 年
28	基于工业以太网的跨海悬索桥结构监测系统	中交公路规划设计院有限公司	2012 年
29	一种布设输送管道的分体式双箱钢箱梁	中交公路规划设计院有限公司	2012 年
30	桥梁加速度信号调理器	中交公路规划设计院有限公司	2013 年
31	一种沉井与桩组成的桥梁复合基础及施工方法	中交公路规划设计院有限公司	2013 年
32	一种加固地基的沉箱与桩组合基础	中交公路规划设计院有限公司	2013 年
33	一种盾构隧道内部双层预制化车道结构	中交公路规划设计院有限公司	2013 年
34	一种盾构隧道侧向排烟通道预制化隔墙结构	中交公路规划设计院有限公司	2013 月
35	一种加固地基的沉箱与桩组合基础	1. 中交公路规划设计院有限公司 2. 中交公路长大桥建设国家工程研究中心有限公司	2013 年
36	桥梁风浪流耦合场、弹性模型及动态响应试验测试系统	1. 中交公路规划设计院有限公司 2. 中交公路长大桥建设国家工程研究中心有限公司	2013 年
37	用于控制斜拉桥主梁、辅助墩和过渡墩横向响应的结构体系	1. 中交公路规划设计院有限公司 2. 中交公路长大桥建设国家工程研究中心有限公司	2013 年
38	一种用于控制三塔斜拉桥主梁和桥塔纵向响应的结构体系	1. 中交公路规划设计院有限公司 2. 中交公路长大桥建设国家工程研究中心有限公司	2013 年
39	一种安装有刚性铰的桥梁	中交公路规划设计院有限公司	2013 年
40	一种桥梁用刚性铰	中交公路规划设计院有限公司	2013 年

3. 荣誉

序号	获奖名称	获奖项目	获奖日期
1	1999 年度交通部公路工程优秀设计二等奖	安徽省铜陵长江公路大桥	2000 年
2	1999 年度交通部公路工程优秀设计二等奖	交通部公路交通试验场	2000 年
3	1999 年度交通部公路工程优秀设计一等奖	广东省虎门大桥（主航道桥、辅航道桥）	2000 年
4	首届中国土木工程詹天佑大奖	105 国道番禺洛溪大桥工程	2000 年
5	2000 年度国家工程建设质量银质奖	交通部公路交通试验场	2000 年
6	全国第九届优秀工程设计铜奖	安徽省铜陵长江公路大桥	2000 年
7	全国第九届优秀工程设计金奖	广东省虎门大桥（主航道桥、辅航道桥）	2000 年
8	全国第九届优秀工程设计银奖	交通部公路交通试验场	2000 年
9	2000 年度国家科学技术进步二等奖	安徽铜陵长江大桥设计施工成套技术	2001 年
10	2000 年度国家科学技术进步二等奖	广东省虎门大桥建设成套技术	2001 年
11	第二届詹天佑土木工程大奖	广东省虎门大桥	2002 年
12	第二届詹天佑土木工程大奖	交通部公路交通试验场	2002 年
13	全国第十届优秀工程设计项目金质奖	南京长江第二公路大桥（南汉桥）	2002 年
14	全国第十届优秀工程设计项目金质奖	京沈高速公路宝坻—沈阳段	2002 年
15	2002 年度全国优秀工程咨询成果一等奖	《南京长江第二大桥工程可行性研究报告》	2002 年
16	全国优秀工程咨询成果一等奖	苏通长江公路大桥工程可行性研究报告	2003 年
17	全国优秀工程咨询成果二等奖	杭州湾大桥工程可行性研究报告	2003 年
18	2002 年度交通部公路工程优秀设计一等奖	江阴长江公路大桥	2003 年
19	2002 年度交通部公路工程优秀设计一等奖	南京长江第二大桥	2003 年
20	中国公路学会科学技术二等奖	《公路工程结构可靠度设计统一标准》(GB/T50283—1999)	2003 年
21	中国公路学会科学技术一等奖	南京第二大桥建设关键技术研究	2003 年
22	第三届詹天佑土木工程大奖	南京长江第二大桥	2003 年
23	第三届詹天佑土木工程大奖	江阴长江公路大桥	2003 年
24	首届欧维姆优秀预应力工程设计奖	厦门海沧大桥预应力锚碇体系设计	2004 年
25	中国公路学会科学技术二等奖	《公路水泥混凝土路面设计规范》(JTG D40—2002)	2004 年
26	2003 年度交通部公路工程优秀设计奖	京珠国道主干线武汉军山长江公路大桥	2004 年
27	国家第十一届优秀工程设计金奖	江阴长江公路大桥主跨 1385 米悬索桥	2004 年
28	第四届詹天佑土木工程大奖	武汉军山长江公路大桥	2004 年
29	国家优质工程金质奖	南京长江第二大桥	2005 年
30	国家科学技术进步二等奖	大跨径钢箱梁斜拉桥关键技术研究（南京长江第二大桥）	2005 年
31	中国公路学会科学技术一等奖	三跨连续全飘浮悬索桥体系研究与应用（厦门海沧大桥）	2005 年
32	2006 年度全国优秀工程咨询成果二等奖	宁波市高速公路网规划研究	2006 年
33	首届“中国十佳桥梁”	江阴长江公路大桥	2006 年
34	首届“中国十佳桥梁”	洛溪大桥	2006 年
35	首届“中国十佳桥梁”	南京长江第二大桥	2006 年
36	2006 年度国家优质工程银质奖	京珠国道主干线武汉军山长江公路大桥	2006 年
37	2005 年度公路交通优秀设计一等奖	国道主干线上海至成都公路成都至南充高速公路	2006 年
38	2005 年度公路交通优秀设计一等奖	厦门海沧大桥	2006 年
39	2006 年度中国公路学会科学技术奖一等奖	《公路桥涵设计通用规范》(JTG D60—2004)	2006 年
40	2006 年度中国公路学会科学技术奖特等奖	特大跨径桥梁钢塔和深水基础设计施工创新技术研究（南京长江第三大桥）	2006 年
41	全国优秀工程咨询成果二等奖	沪蓉国道主干线南京绕越公路东南段工程可行性研究报告	2007 年
42	第七届中国土木工程詹天佑奖	南京长江第三大桥	2007 年
43	第七届中国土木工程詹天佑奖	厦门海沧大桥	2007 年
44	2006 年度公路交通优秀设计一等奖	国道 205 线滨州黄河公路大桥	2007 年
45	2006 年度公路交通优秀设计一等奖	南京长江第三大桥	2007 年
46	2006 年度公路交通优秀设计一等奖	江苏省无锡至宜兴高速公路	2007 年
47	中国公路学会科学技术一等奖	大跨度桥梁健全性评估与监测成套技术（南京长江第三大桥）	2007 年

续上表

序号	获奖名称	获奖项目	获奖日期
48	中国公路学会科学技术一等奖	杭州湾跨海大桥钢管桩设计、制造、防腐和沉桩成套技术	2007 年
49	中国公路学会科学技术一等奖	超深特大型圆形地下连续墙悬索桥锚碇创新技术研究与应用	2007 年
50	中国公路学会科学技术一等奖	《公路桥梁抗风设计规范》(JTG/T D60—01—2004)	2007 年
51	中国公路学会科学技术二等奖	大跨径连续刚构桥箱梁抗剪与抗裂性能研究	2007 年
52	中国公路学会科学技术二等奖	建立超限超载长效治理机制研究	2007 年
53	中国公路学会科学技术二等奖	水泥混凝土路面段板分析及防治技术研究	2007 年
54	第二届欧维姆预应力工程设计一等奖	武汉阳逻长江公路大桥锚碇设计	2007 年
55	2007 年度国家优质工程银质奖	国道 205 线滨州黄河公路大桥	2007 年
56	国家科学技术进步二等奖	特大跨径桥梁钢塔和深水基础设计施工创新技术研究（南京长江第三大桥）	2007 年
57	2006 年度中交股份科学技术进步一等奖	《公路钢筋混凝土及预应力混凝土桥涵设计规范》(JTG D62—2004)	2007 年
58	第 25 届国际桥梁大会乔治·理查德森奖	苏通大桥	2008 年
59	全国优秀工程咨询成果二等奖	青岛海湾大桥工程可行性研究报告	2008 年
60	2006 年度全国优秀工程设计金奖	厦门海沧大桥三跨连续全漂浮悬索桥	2008 年
61	2006 年度全国优秀工程设计银奖	武汉军山长江公路大桥	2008 年
62	2006 年度全国优秀工程设计铜奖	国道主干线成都至南充高速公路	2008 年
63	2006 年度全国优秀工程勘察银奖	武汉阳逻桥南锚朝深基坑封水、降水、排水及挡水为木工厂关键技术设计	2008 年
64	2007 年度中交股份科学技术进步二等奖	复杂地质条件下宽体隧道关键设计技术研究（广东天汕高速公路）	2008 年
65	2007 年度中交股份科学技术进步二等奖	特大型桥梁高精度 GPS 跨河（谷、海）高程传递关键技术研究	2008 年
66	中国公路学会科学技术特等奖	广州珠江黄浦大桥悬索桥锚碇设计与施工技术研究	2008 年
67	中国公路学会科学技术一等奖	特大型桥梁高精度 GPS 跨河（谷、海）高程传递关键技术研究	2008 年
68	中国公路学会科学技术一等奖	杭州湾跨海大桥混凝土结构耐久性成套技术研究与应用	2008 年
69	中国公路学会科学技术二等奖	预应力混凝土公路桥梁通用设计图成套技术研究	2008 年
70	中国公路学会科学技术三等奖	复杂地质条件下宽体隧道关键设计技术研究（广东天汕高速公路）	2008 年
71	中国公路学会科学技术一等奖	西堠门大桥新型分体式钢箱梁关键技术研究	2008 年
72	中国交通建设品牌工程	杭州湾跨海大桥工程	2009 年
73	中国交通建设品牌工程	苏通长江公路大桥工程	2009 年
74	中国交通建设品牌工程	广州珠江黄埔大桥	2011 年
75	2008 年度全国优秀工程勘察设计行业奖岩土工程一等奖	武汉阳逻长江大桥圆形地下连续墙基坑工程设计	2009 年
76	2008 年度中交股份科学技术进步特等奖	桥梁工程全寿命设计理论与方法研究	2009 年
77	2008 年度中交股份科学技术进步二等奖	沥青路面设计指标和参数研究	2009 年
78	2008 年度中交股份科学技术进步二等奖	黄土地区大跨度桥梁地下连续墙和箱梁基础的应用研究	2009 年
79	十佳感动中国工程设计奖	苏通长江公路大桥工程设计	2009 年
80	十佳自主技术创新企业奖	中交公路规划设计院有限公司	2009 年
81	2008 年度全国优秀工程勘察设计银奖	公路桥梁上部结构通用图	2009 年
82	2007—2008 年度公路交通优秀设计一等奖	杭州湾跨海大桥	2009 年
83	2007—2008 年度公路交通优秀设计一等奖	武汉阳逻长江公路大桥	2009 年
84	2007—2008 年度公路交通优秀设计二等奖	苏通长江公路大桥工程设计	2009 年
85	2007—2008 年度公路交通优秀设计二等奖	公路桥梁上部结构通用图	2009 年
86	2007—2008 年度公路交通优秀设计二等奖	丹拉国道主干线新地至麻黄沟段高速公路	2009 年
87	2007—2008 年度公路交通优秀设计二等奖	公路工程概预算定额及配套编制办法	2009 年

续上表

序号	获奖名称	获奖项目	获奖日期
88	中国公路学会科学技术特等奖	千米级斜拉桥结构体系及设计施工关键技术（苏通大桥）	2009 年
89	中国公路学会科学技术一等奖	沥青路面设计指标和参数研究	2009 年
90	中国公路学会科学技术一等奖	复杂气象环境下特大跨径桥梁抗风设计理论及技术	2009 年
91	中国公路学会科学技术二等奖	黄土地区大跨度桥梁地下连续墙和箱型基础的应用研究	2009 年
92	中国公路学会科学技术二等奖	桥跨 62.5m 预应力混凝土箱梁移动模架设计、制造与施工等关键技术研究	2009 年
93	2008 年度全国优秀工程勘察设计金奖	南京长江第三大桥	2009 年
94	2008 年度全国优秀工程勘察设计铜奖	国道 205 线滨州黄河公路大桥	2009 年
95	2009 年度国家优质工程金质奖	南京长江第三大桥	2009 年
96	2010 年度美国土木工程师协会（ASCE）杰出工程成就奖	苏通长江公路大桥	2010 年
97	全国优秀工程咨询成果一等奖	港珠澳大桥设计技术标准研究报告	2010 年
98	美国国际桥梁大会古斯塔夫·林德撒尔奖	西堠门大桥	2010 年
99	2009 年度中交股份科学技术进步特等奖	贵州坝陵河大桥超大型隧道锚及钢桁梁创新技术研究与应用	2010 年
100	国家科学技术进步一等奖	千米级斜拉桥结构体系、设计及施工控制关键技术（苏通大桥）	2010 年
101	中国公路学会科学技术一等奖	桥梁工程全寿命设计理论与方法研究	2010 年
102	中国公路学会科学技术二等奖	舟山大陆连岛工程桥梁健康监测及安全评价系统研究和设计	2010 年
103	中国公路学会科学技术二等奖	公路桥涵地基与基础设计规范	2010 年
104	中国公路学会科学技术一等奖	超大“∞”字形地连墙深基础设计及施工成套技术	2010 年
105	中国公路学会科学技术一等奖	超大规模沉井关键技术研究	2010 年
106	中国公路学会科学技术二等奖	钢桥设计施工成套技术研究	2010 年
107	第十届中国土木工程詹天佑奖	苏通长江公路大桥	2011 年
108	2010 年度公路交通优秀设计二等奖	广东省顺德碧江至中山沙溪段高速公路	2011 年
109	2010 年度公路交通优秀设计三等奖	深港西部通道深圳湾大桥（深圳侧）工程	2011 年
110	2010 年度公路交通优秀设计一等奖	舟山大陆连岛工程桃夭门大桥设计	2011 年
111	2010 年度公路交通优秀设计二等奖	贵州坝陵河大桥工程	2011 年
112	2010 年度公路交通优秀设计三等奖	南京绕越高速公路东南段工程	2011 年
113	2010 年度中交股份科技进步一等奖	大跨桥梁抗风设计数值化技术与控制措施	2011 年
114	2010 年度中交股份科学技术进步二等奖	西部地区公路桥隧工程风险评估研究	2011 年
115	2010 年度中交股份科学技术进步二等奖	西部地区钢—混凝土混合梁设计与施工关键技术研究	2011 年
116	第十届中国土木工程詹天佑奖	杭州湾跨海大桥	2011 年
117	国家科学技术进步二等奖	强潮海域跨海大桥建设关键技术（杭州湾大桥）	2011 年
118	2011 年度中国公路学会科学技术特等奖	超大跨混合梁斜拉桥建设关键技术	2011 年
119	2011 年度中国公路学会科学技术一等奖	轻型高速公路节地关键技术研究	2011 年
120	2011 年度中国公路学会科学技术一等奖	西部地区公路桥隧工程风险评估研究	2011 年
121	2011 年度中国公路学会科学技术一等奖	特大跨径钢箱梁悬索桥监控、管理关键技术	2011 年
122	2011 年度中国公路学会科学技术二等奖	大跨桥梁抗风设计数值化技术与控制措施	2011 年
123	2011 年度中国公路学会科学技术一等奖	坝陵河特大桥梁建设关键技术研究	2011 年
124	广东省科学技术二等奖	珠江黄埔大桥建设成套技术研究	2012 年
125	2012 年度北京市优秀工程咨询成果二等奖	哈尔滨市道外二十道街跨松花江特大桥初步设计、施工图设计咨询报告	2012 年
126	中国工程设计企业 60 强第 23 位	中交公路规划设计院有限公司	2012 年
127	2011—2012 年度国家优质工程金奖	苏通长江公路大桥	2012 年
128	山东省科技进步一等奖	海上独柱塔自锚式悬索桥设计与建造关键技术	2012 年
129	中国公路学会科学技术特等奖	大跨径变截面连续钢箱梁桥设计与整孔架设关键技术（崇启大桥）	2012 年
130	2012 年度公路交通优秀设计一等奖	舟山大陆连岛工程西堠门大桥	2012 年

续上表

序号	获奖名称	获奖项目	获奖日期
131	2012 年度公路交通优秀设计一等奖	杭州湾跨海大桥海中平台	2012 年
132	2012 年度公路交通优秀设计一等奖	湖北鄂东长江公路大桥	2012 年
133	2012 年度公路交通优秀勘察一等奖	贵州坝陵河大桥工程勘察	2012 年
134	2012 年度公路交通优秀设计二等奖	天（津）汕（尾）国家重点公路粤境蕉岭广福至梅县	2012 年
135	2012 年度公路交通优秀设计二等奖	大庆至广州高速公路深州至大名（冀豫界）第二合同段	2012 年
136	2012 年度公路交通优秀设计三等奖	宁波市青林湾大桥	2012 年
137	2012 年度公路交通优秀设计三等奖	珠江黄埔大桥南汊桥	2012 年
138	2012 年度公路交通优秀设计一等奖	太原—澳门地区国家重点公路山西境晋城至济源（省界）段高速公路	2012 年
139	2012 年度公路交通优秀设计二等奖	贵州省贵阳至都匀高速公路	2012 年
140	中国公路学会科学技术特等奖	悬索桥主缆发布传力锚固系统设计施工关键技术研究	2012 年
141	中国公路学会科学技术二等奖	体内一体外混合配束节段预制拼装箱梁桥关键技术研究	2012 年
142	湖北省科学技术进步二等奖	峡谷大跨径隧道式锚碇钢桁加劲梁悬索桥关键技术研究	2012 年
143	2011 年度中交股份科学技术进步一等奖	特大跨径悬索桥分体式钢箱梁成套技术研究与示范	2012 年
144	2011 年度中交股份科学技术进步二等奖	大跨度桥梁运营期结构安全监测系统数据采集及结构	2012 年
145	2011 年度中交股份科学技术进步二等奖	大跨径预应力混凝土梁桥长期变形精细化分析及下挠处治理方案研究	2012 年
146	2011 年度中交股份科学技术进步二等奖	跨海特大跨径钢箱梁悬索桥结构特性及技术标准研究	2012 年
147	国家科学技术进步二等奖	短线匹配法节段预制拼装体外预应力桥梁关键技术	2012 年
148	贵州省科学技术进步二等奖	坝陵河大桥建设关键技术研究	2012 年
149	2012 年度北京市优秀工程咨询成果三等奖	济南建帮黄河公路大桥施工图设计咨询报告	2013 年
150	江苏省科学技术二等奖	大直径嵌岩桩承载机理与设计理论及工程应用	2013 年
151	第十一届中国土木工程詹天佑奖	武汉阳逻长江公路大桥	2013 年
152	吉林省建设工程勘察设计一等奖	松原市城区第二松花江大桥	2013 年
153	FIDIC 百年重大建筑项目杰出奖	苏通大桥	2013 年
154	2012 年度中国交建科学技术进步二等奖	主跨 3500m 级碳纤维增强塑料（CFRP）主缆悬索桥原型设计	2013 年
155	2012 年度中国交建科学技术进步二等奖	铁路、轻轨、公铁（轨）桥梁车—耦合振动仿真分析技术研究	2013 年
156	2012 年度中国交建科学技术进步二等奖	桥梁设计荷载与安全鉴定荷载的研究	2013 年
157	2011ENR/ 建筑时报 中国工程设计企业 60 强第 17 位	中交公路规划设计院有限公司	2011 年
158	2013ENR/ 建筑时报 中国工程设计企业 60 强第 25 位	中交公路规划设计院有限公司	2013 年
159	南京市科学技术进步一等奖	大跨度三跨连续弹性支承悬索桥上部结构关键技术研究	2013 年

后　　记

2013年初，公司即开始筹划60年院庆资料准备工作，其中60年院庆科研成果集的编制工作由公司科技发展部承担。一年来，在公司领导的亲切关怀指导下，经科技发展部的努力，在生产经营部、桥梁技术中心等部门的大力支持配合下，2014年6月我们顺利完成了60年院庆科研成果集从策划、成果征集、汇总整理、编制、召开审查会议、征求意见、校对到最后出版工作。

科研成果集以列表和成果简介的形式，共展示了公司重点科研成果45项，包括大桥科研36项，道路科研2项，隧道科研1项，标准规范和基础性科研6项。

大桥科研成果是公司60年成果展示的重点，最能代表公司60年来在我国公路交通领域所具有的领先地位，最能体现公司60年来为我国公路交通事业做出的巨大贡献，其中尤以获得国家科技进步一等奖的“千米级斜拉桥结构体系、设计及施工控制关键技术”最具代表性，该项技术使我国大跨径桥梁结构体系设计技术达到国际领先水平，显著提升了我国桥梁建设的国际知名度。此外，成果集还展示了公司在大跨径悬索桥结构体系设计技术、组合结构设计技术、深水基础设计和施工技术、结构安全监测技术、公路隧道设计技术、全寿命设计和防灾减灾等基础理论方面的研究成果，内容丰富，能全面展示公司科技实力的不断进步，在公司科技人员的共同努力下，未来还将呈现出更多更好的成果，如长大公路桥梁建设集成技术成果将高度总结并提炼我国长大桥梁建设的各项技术，两年一度编写的公路桥梁学科发展报告将全面展现我国公路桥梁在规划、设计、施工、管养等领域的最新发展情况。这些成果将继续保持并提升公司在国内桥梁领域的领先地位，促进公司科技事业的更好更快发展，并为我国桥梁行业的健康发展起到积极的推动作用。

科研成果集历时一年多的时间完成，经数次修改完善最终定稿。编制过程中得到了公司领导的高度重视和精心指导，以及各位同事的积极支持和参与。成果集编纂出版过程中《桥梁》杂志社、人民交通出版社股份有限公司等单位也付出了辛勤的劳动。在此一并表示感谢。由于时间等原因，还有一些成果未能纳入，甚至可能还会有一些成果介绍存在疏漏，在此深表歉意。■

编委会

2014年5月